책세상문고 · 우리시대

도시에 대한 권리

도시의 주인은 누구인가

책세상문고 · 우리시대

도시에 대한 권리

도시의 주인은 누구인가

강현수

책세상

1. 2010년 대한민국 서울

서울시 마포구에 성미산이라는 나지막한 산이 있다. 마을 주민들이 이 산을 아끼며 가꾸고 있지만, 이 산의 법적 토지 소유자는 서울시와 모 학원 재단이다. 2003년에 성미산 정상 부분을 소유한 서울시가 그곳에 배수지를 만들려고 하다가, 산이 훼손되는 것을 우려한 주민들의 저항에 부딪혀 결국 포기했다. 2010년에는 이 산의 한쪽 측면을 소유한 학원 재단이 이곳에 학교를 지으려고 하자 주민들이 다시 반대 운동에 나섰다. 2003년 서울시에 의해, 2010년 학원 재단에 의해 시도된 개발 사업은 합법적 절차를 거쳤을 뿐만 아니라 공익적인 요소도 없지 않다. 하지만 평소 성미산을 이용하고 가꾸어왔던 마을 주민들은 성미산을 훼손하지 말고 지금 이

대로 주민들에게 돌려달라고 요구하고 있다. 그렇다면 성미산의 진정한 주인은 누구이며, 성미산의 미래를 결정할 권리는 누구에게 있는가?[1]

2008년 여름, 서울 도심을 가득 메웠던 촛불 집회가 사그라진 후 한동안 서울 광장에서는 이명박 정부에 비판적이거나 진보적인 성향의 집회는 허가되지 않았다. 어쩌다 그런 집회가 허가되더라도 잔디를 보호해야 한다는 이유로 광장 출입이 금지되었다.[2] 약 8만 5,000명의 시민들이 서울 광장 사용을 허가제에서 신고제로 바꾸는 서울시 조례 개정안을 청원했지만, 2010년 6월 당시 한나라당이 다수를 차지하고 있었던 서울시의회는 이 조례 개정안을 부결시켰다. 그렇다면 서울 광장의 진정한 주인은 누구이며, 서울 광장을 누가 어떻게 이용할지 결정할 권리는 누구에게 있는가?

서울 홍익대학교 근처 작은 칼국수 집 '두리반'은 2010년 12월 현재 재개발을 위한 철거에 반대하는 투쟁을 벌이고 있다. 1억 원의 상가 권리금을 내고 세 들어 장사하던 식당 주인은 이 지역 재개발이 추진되면서 권리금에 대한 보상 없이 이사 비용 300만 원만 받고 나가라는 통지를 받자 이를 거부했고, 2009년 연말부터 음악회, 영화 상영 등으로 구성된 문화제 성격의 철거 반대 투쟁을 벌여오고 있다. 2009년 1월의 '용산 참사'도 같은 맥락에서 비롯된 비극적 사건이다. 용산 재개발 지역 상가 세입자들이 상가 권리금을 보상받지 못하는 데 항의해 철거 반대 농성을 벌이다 그중 다섯 명이 경찰의 강제 진압 과정에서 귀중한 목숨을 잃었다. 두리반 식당 주인과 용산 재개발 지역 상가 세입자들은 자신들의 생업 현장에서 계속 장사할 권리 혹은 자신들의 피땀 어린 재산인 상가 권리금을 돌려받을 권리가 없는가?

최근 우리나라의 대표 도시 서울에서 일어난 앞의 세 가지 사례들은 이 책에서 다루고자 하는 '도시에 대한 권리'와 관련해 중요한 질문과 함의를 담고 있다.

우리나라 실정법에 입각한다면 이 사례들에 대한 답은 명확하다. 성미산의 법적 주인은 성미산 토지 소유자인 서울시와 모 학원 재단이며, 성미산의 미래를 결정할 권리는 이들 토지 소유자와 성미산이 속한 행정 당국인 마포구 구청에 있다. 또 서울 광장에서 열리는 집회의 실질적 허가권은 법적으로 관할 경찰청장에게, 서울 광장의 사용 허가권은 서울 시장에게 있다. 두리반 주인과 용산 상가 세입자들의 상가 권리금은 법적으로 인정되는 것이 아니라서 보상받을 수 없으며, 합법적 재개발 과정에서 이루어지는 철거는 법적으로 문제가 없다.

그런데 이러한 실정법은 과연 정당하고 공정한가? 성미산 주민들은 성미산이라는 도시 자연 공간을 훼손하지 말고 지금처럼 자신들이 직접 가꾸고 보존하고 이용하기를 원한다. 일부 시민과 단체들은 서울 광장이라는 도시 공공 광장에서 아무런 간섭 없이 자유롭게 정치적 의사 표시를 할 수 있기를 원한다. 두리반 주인과 용산 재개발 지역 상인들은 자신들이 생계를 꾸려온 그 자리에서 생업을 계속할 수 있기를, 그것이 정 안 된다면 적절한 보상을 받기를 원한다. 과연 이들에게 이런 자격이나 권리는 없는 것인가? 우리나라 헌법에 규정되어 있는 건강하고 쾌적한 환경에서 생활할 권리, 집회 결사의 자유, 재산권 보호 및 정당한 보상 지급 규정은 이들이 성미산을 계속 이용하고, 서울 광장에서 자유롭게 주장을 외치고, 생업을 계속할 권리나 자유를 보장해줄 수 없는 것인가?

조금 깊이 생각해보면, 각자가 주장하는 명분과 권리 그리고 자유가 서로 충돌하고 있음을 발견할 수 있다. 성미산 토지 소유자들은 토지 소유권과 그에 따른 개발권을 주장하고 성미산 주민들은 환경권과 이용권을 주장한다. 서울 광장의 집회를 막으려는 쪽에서는 공공의 안녕과 질서 보호를 주장하고, 집회를 원하는 사람들은 집회의 자유를 주장한다. 재개발을 추진하는 쪽에서는 토지 소유권과 개발권을 주장하고, 두리반 주인과 용산 참사 희생자들은 생존권과 영업권을 주장한다. 이처럼 각자의 명분과 권리가 상호 충돌하는 경우를 대비해 만들어진 것이 사회의 법과 제도이다. 개인이나 집단은 각자 자신에게 유리한 권리들을 주장할 수 있지만, 법과 제도를 통해 그중 일부만 적법한 권리로 인정되며, 인정된 권리들 중에서 우선순위가 정해진다. 하지만 법과 제도는 항상 정당하고 공정한 것도 아니고, 고정불변도 아니다. 과거에는 당연한 권리였던 것이 이제는 권리로 인정받지 못하기도 하고(노예 소유권, 흡연권 등), 과거에는 인정되지 못했던 것이 당사자들의 적극적인 권리 주장에 따라 점차 사회적으로 인정되고, 나아가 그 권리가 법적·제도적으로 보장되기도 한다(여성 투표권, 동성애자 결혼권 등).

2010년 6월의 지방 선거를 기점으로 민주당 소속 의원이 다수를 차지하게 된 서울시의회는 그해 10월에 신고만 하면 누구나 서울 광장을 이용할 수 있도록 서울 광장 조례를 개정했다. 이로써 서울 광장을 자유롭게 이용하자는 시민들의 요구가 정당한 권리로 인정되고 법적으로도 제도화된 것처럼 보였다. 하지만 오세훈 서울 시장은 서울시의회를 통과한 조례 개정안이 법령에 위반된다며 이를 대법원에 제소했다. 과연 시민들의 서울 광장 이용권이 대법원에서 법적으로 인정될 수 있을까?[3] 성미산의 경우 이 산을 보존하자는 주민들의 요구가 2003년에는 받아들여졌다. 그래서 서울시는 배수지 건설을 중지했다. 하지만 주민들의 요구가 법적으로 인정되거나 제도화된 것은 아니었다. 2010년 또 다른 토지 소유자가 개발을 시도했고, 주민들은 다시 한번 성미산 보존을 주장하고 있다. 주민들의 성미산에 대한 권리 주장이 이번에도 인정될 수 있을까? 나아가 법적으로도 보장될 수 있을까?

1년 가까이 철거 반대 투쟁을 벌이고 있는 두리반 식당 주인은 적절한 보상을 받을 수 있을까?[4] 최근 대법원에서 유죄 확정 판결을 받은 용산 참사 생존 농성자들에게는 억울함을 풀 수 있는 방법이 이제 더 이상 남아 있지 않은가?

2. 도시에 대한 권리 주장

앞에서 예를 든 성미산, 서울 광장, 두리반 사례들은 모두 도시 공간의 이용과 관련된 다툼들이라고 볼 수 있다. 즉, 핵심 쟁점은 특정 도시 공간을 이용할 권리가 누구에게 있는가이다. 도시 공간의 이용 권리는 사유지의 경우 토지의 소유자에게, 공유지의 경우 공공당국이 허가한 사람에게 배타적으로 있다는 것이 현 실정법의 핵심 내용이다. 반면에 공유지의 경우 일반 시민 누구에게나, 사유지의 경우라도 지금까지 그 공간을 오랫동안 이용해왔던 사람들에게 이용 권리가 있다는 것이 문제를 제기하는 사람들의 주장이다. 그렇다면 이러한 주장을 뒷받침해줄 수 있는 근거나 논리는 있는가? 있다. 이른바 '도시에 대한 권리' 개념이 바로 그것이다. '도시에 대한 권리' 개념은 아직까지 우리나라에서는 그다지 알려져 있지 않지만, 이미 해외에서는 상당히 보편화되었고, 최근 들어 전 세계적으로 진보적 도시 정책의 핵심 의제가 되고 있는 개념이다. 도시와 권리라는 다소 이질적으로 보이는 두 단어가 합쳐진 도시에 대한 권리 개념은 도시에서 실천 운동의 의제로서 유용할 뿐만 아니라, 국가 단위로 사고되던 기존의 인권이나 시민권 개념에 새로운 지평을 제공하고 있다.

도시에 대한 권리라는 개념이 처음 등장한 것은 1968년 프랑스 파리에서였다. 1968년 이른바 68운동이 프랑스를 휩쓸던 시기에 프랑스의 진보적 지식인이었던 앙리 르페브르 Henri Lefebvre는 《도시에 대한 권리Le droit à la ville》라는 책을 출간했다. 이 책에서 그는 도시에 거주하는 주민 누구나 도시가 제공하는 편익을 누릴 권리, 도시 정치와 행정에 참여할 권리, 자신들이 원하는 도시를 스스로 만들 권리에 대해 이야기했다.

도시에 대한 권리 주장의 기본 전제는 도시를 그 안에 살고 있는 모든 사람들이 공유하는 집합적 공간으로 보는 것이다. 재산이나 토지 소유 여부와 관계없이, 또 나이, 성별, 계층, 인종, 국적, 종교에 따른 차별이나 배제 없이 도시 거주자라면 누구나 도시라는 인간의 집단적 작품을 함께 향유할 권리를 가지고 있다고 보는 것이다.

1968년 당시 프랑스의 시위대들은 도시에 대한 권리를 핵심 구호로 내세우며 도시 행정에 적극 참여해 도시를 개혁하고자 했다. 이러한 운동은 세계 각지로 확산되었고, 세계 여러 도시에서 도시에 대한 권리를 앞세운 도시 사회 운동이 전개되었다. 그리고 이러한 운동의 성과로, 도시의 일상생활에 필요한 다양한 요구들이 주민 각자가 스스로 해결해야 할 개인적인 것이 아니라 주민으로서 당연히 누려야 할 집단적 권리로서 인정받기 시작했다.

도시에 대한 권리에는 인간의 생존을 위한 가장 기본적인 요구인 식수, 먹거리, 위생에 대한 권리는 물론이고 좀 더 인간다운 생활을 위해 필요한 적절한 주거 환경과 직업, 대중교통, 안전, 의료, 복지, 교육에 대한 권리가 포함된다. 또한 주민들의 생활에 영향을 미치는 도시 행정의 의사 결정에 참여할 수 있는 권리도 포함된다. 광장이나 거리 같은 도시의 공공 공간에 누구나 자유롭게 접근할 권리, 그곳에서 자신의 주장을 마음껏 펼칠 권리도 당연히 도시에 대한 권리에 속한다.

도시에 대한 권리는 지금도 계속 확장되며 진화하고 있다. 최근 북유럽에서는 무선 인터넷의 자유로운 접속도 도시 단위에서 보장되어야 할 권리로 간주되고 있다.

현재 우리나라를 포함한 선진국 인구의 거의 대부분이, 세계 전체 인구의 절반 이상이 도시에 거주하고 있다. 개발도상국에서 도시화 추세가 지금 같은 속도로 계속된다면 조만간 인류의 대다수가 도시에 거주하게 될 것으로 보인다. 이제 도시는 인류 전체의 삶의 터전이고, 도시 문제는 인류 전체의 문제라고 해도 과언이 아니다. 이런 상황에서 도시 단위에서 보장되는 권리는 그 도시나 그 도시 주민들의 특수성을 잘 반영할 수 있을 뿐만 아니라 국가 단위보다 더 주민 생활에 밀착될 수 있다는 장점이 있다. 특히 세계화 시대에 국경을 넘나드는 이주자들이 많아지면서, 국가가 보장해주는 시민권을 갖지 못한 외국 출신 이주자들의 권리를 이들의 일상생활이 이루어지는 도시 단위에서 적극 보장해줄 필요성이 증대됐고, 그로 인해 도시에 대한 권리의 유용성 또한 높아지고 있다.

현재 전 세계적으로 개별 도시 차원, 국가 차원, 그리고 범지구적 차원에서 도시에 대한 권리를 어떤 방식으로 보장하고 확장·심화시킬 것인가에 대한 논의와 실천이 활발히 진행되고 있다. 몬트리올, 바르셀로나를 비롯한 세계 여러 도시들은 도시에 대한 권리를 담은 도시 차원의 조례, 헌장을 제정했으며, 브라질은 도시에 대한 권리를 법적으로 보장하는 법률을 제정했다. 유엔 산하 기구인 유네스코와 유엔-해비타트UN-HABITAT는 관련 정책이나 프로그램 보급 사업에 착수했다.

이처럼 도시에 대한 권리가 도시 거주자면 누구나 당연히 누려야 하는 보편적 권리로 자리 잡아가는 것이 세계적 추세다. 그런데 대한민국 도시들의 상황은 어떠한가? 도시 경제의 중요한 일익을 담당하고 있는 외국인 노동자들은 여전히 차별받고 있으며, 높은 주거비용 때문에 저소득층들은 안정된 주거 생활을 누리기 어렵고, 아이들이 마음 놓고 뛰놀 수 있는 안전하고 쾌적한 공간은 부족하다. 가진 자들의 재산 소유권, 개발업자들의 도시 개발권, 관료들의 인·허가권은 상당히 잘 보장받고 있지만, 일반 서민, 장애인, 외국인 노동자 등 도시의 약자들은 이미 선진국에선 상당히 보편화된 권리들조차 제대로 보장받지 못하고 있다. 특히 이명박 정부가 들어선 이후에는 양천 경찰서 고문, 총리실 민간 사찰같이 가장 기본적인 인권조차 유린되는 사건들이 벌어지는 가운데, 미흡했던 도시 관련 권리들이 확대·심화되기는커녕 퇴보와 역행을 거듭하고 있다. 도시에서 생존권을 요구하는 주민들을 무참하게 짓밟은 용산 참사, 시민들의 자발적인 촛불집회에 대한 탄압, 도심의 광장과 거리에 대한 시민들의 접근 봉쇄 등이 지금 우리 시대의 도시 관련 권리 퇴행 사례들이다.

물론 압축적 경제 성장과 도시화의 과정, 압축적 민주화의 과정을 겪은 대한민국에서는 도시 관련 권리들을 확보하기 위한 노력과 희생 또한 압축적으로 이루어졌다. 희생이 큰 만큼 꽤 많은 권리가 제법 빠른 시간 안에 확보되었다. 무허가 정착촌의 철거와 재개발 과정에서 철거민들과 세입자들의 엄청난 희생을 겪으면서 주거권에 대한 사회적 인식이 높아졌고 일부 주거권은 법제화되었다. 도시 빈민, 장애인, 외국인 노동자 등 도시의 약자들에 대한 사회적 배려도 과거에 비해서는 상당히 나아졌다. 하지만 선진국 수준에 견주면 우리가 가야 할 길은 아직도 멀다. 도시는 그 안에 살고 있는 모든 사람들이 공유해야 할 집합적 공간이며, 도시의 진정한 주인인 도시 주민들이 도시 공간을 사용할 권리와 도시 행정에 참여할 권리를 가지고 있다는, 어쩌면 너무나 당연한 주장이 우리에게는 아직 낯설다. 이런 주장이 더 이상 낯설지 않고 당연한 상식으로 받아들여지도록 해야 한다는 생각에 이 책을 쓰게 되었다. 이 책을 통해 아직 우리에게 생소한 도시에 대한 권리 개념이 도대체 어떤 것인지, 누구를 위한 권리이고 어떠한 권리인지, 다른 나라에서는 이와 관련하여 어떠한 실천 운동과 정책들이 진행되었는지, 그리고 우리나라에서 도시에 대한 권리를 내세운 운동의 가능성이 있는지, 만약 있다면 구체적으로 어떠한 노력이 필요한지를 이야기하고자 한다.

이 책의 구성은 다음과 같다. 제1장에서는 도시에 대한 권리라는 말을 처음 사용한 프랑스 철학자 앙리 르페브르의 주장을 68혁명이라는 당시의 프랑스 상황 속에서 살펴보면서, 도시에 대한 권리의 주요 내용 및 르페브르의 주장이 나오게 된 프랑스의 사회적 맥락을 소개한다. 제2장에서는 도시에 대한 권리 개념을 도시 현실에 적용해 도시에 거주하는 시민들에게 권능을 부여하고 각종 도시 문제를 개혁하는 수단으로 활용한 세계 각국의 도시 사회 운동의 흐름과 성과를 살펴본다. 덧붙여, 과연 도시에 대한 권리는 어떤 권리이며 누가 누릴 수 있는 권리인가에 대해서도 알아본다. 제3장에서는 도시에 대한 권리 개념을 구성하고 있는 '권리'라는 범주와 '도시'라는 범주의 실천적 유용성과 함께 그 한계를 살펴본다. 이때 인권의 개념이 역사적으로 어떻게 진화해왔는지, 그리고 국민국가 단위의 근대적 인권 보장 체계가 최근의 세계화 시대에 어떻게 한계에 봉착했는지를 먼저 살펴보고, 도시에 대한 권리 개념이 그 한계를 메울 수 있을 만큼 유용한지 살펴본다. 마지막 제4장에서는 그동안 우리나라에서 진행되었던 도시와 관련된 실천 운동의 흐름을 주거권과 보행권, 인권 조례 제정 운동 등을 중심으로 살펴보고, 도시에 대한 권리 개념에 입각한 향후 우리나라 실천 운동의 가능성과 과제를 짚어본다.

제 1 장

68년 파리와 르페브르의 도시에 대한 권리 주장

'도시에 대한 권리'라는 개념은 앞에서 보았듯이 1968년에 프랑스의 철학자이자 도시학자인 앙리 르페브르[5]의 저서 《도시에 대한 권리》[6]를 통해 처음 등장했다. 파리를 포함한 프랑스 전역에서 이른바 68운동으로 알려진 대규모 시위가 벌어지던 당시에 이 책의 제목과 메시지는 즉각적으로 대중적 공명을 일으켰다. 이 장에서는 르페브르가 도시에 대한 권리를 주장한 시대적 배경과 그가 주장한 도시에 대한 권리의 주요 내용을 그의 도시에 대한 사상과 함께 소개하고자 한다.

1. 도시학자 앙리 르페브르의 도시론

르페브르의 도시에 대한 권리 주장의 맥락을 정확히 이해하기 위해서는 도시에 대한 그의 시각을 먼저 알아볼 필요가 있다. 르페브르의 도시에 대한 생각은 그의 저서 《도시 혁명 *La révolution urbaine*》과 《공간의 생산*La production de l'espace*》에서 명료히 드러나는데, 이를 간단히 요약하면 다음과 같다.

우선 르페브르는 다음과 같은 가설에서 출발한다. 이제 사회는 완전히 도시화되고 있고, 그래서 이른바 도시 사회urban society가 되었다. 이는 대부분의 사람들이 농촌 대신 도시city에 모여 살게 되었다는 단순한 의미를 넘어서, 사람들의 존재 방식, 사고방식, 행동 방식이 도시적으로 바뀌었다는 것을 의미한다. 이제 도시와 농촌의 물리적 구분은 중요하지 않다. 사회 전체가, 도시가 아닌 농촌까지도 도시 사회가 되었기 때문이다. 르페브르는 이런 상황을 생산의 주요 기반이 농업에서 공업으로 바뀐 초기 산업 혁명에 비유해 도시 혁명이라고 명명한다. 도시 혁명을 통해 현대 자본주의의 생산 토대 역시 제조업에서 도시로 전환된다.[7] 기존의 제조업 대신에, 공간을 정복하고 도시화를 확대하는 데 기여하는 레저 산업과 건설 산업이 자본주의의 새로운 중추 산업으로 자리 잡게 되는 것이다.

또한 르페브르는 마르크스가 규정한 자본주의적 생산력과 생산관계 사이의 모순이 선진 자본주의에서는 도시 성장을 통해 극복되었다고 주장한다.

자본주의는 지난 1세기 동안 비록 자본주의의 내부 모순을 해결하진 못할지라도 약화시킬 수 있다는 것을 알았다. 그리고 그 결과 《자본론》이 쓰여진 이래 100년 동안 자본주의는 '성장'을 달성하는 데 성공했다. 우리는 거기에 드는 비용을 계산할 수는 없지만 그 방법은 알고 있다. 즉 공간을 점유함으로써, 공간을 생산함으로써 그것이 가능했다.[8]

부연하자면, 자본주의의 발전은 공간 자체를 상품으로 변화시킴으로써 자본주의의 한계를 극복했다는 것이다. 자본주의에서 공간은 동질화되어 계량 가능한 상품이 되었다. 공간은 이제 그것이 담고 있는 자원과 물, 공기, 빛과 더불어 새로운 희소 상품이 되었고, 자본주의는 공간의 정복과 통합에 의해 유지될 수 있었던 것이다.[9]

그런데 르페브르가 공간과 도시에 관심을 집중한 것은 사람들의 일상생활 속에서 현대 자본주의의 생산관계가 재생산되는 곳이 바로 공간과 도시이기 때문이다. 르페브르는 각 시대와 각 생산양식이 각각 그에 부합하는 공간을 생산한다고 보았다. 자본주의 역시 자본주의에 부합하는 공간을 생산한다. 자본주의는 파편화되고 균질화되고 계층화된 공간을 생산하며, 이렇게 생산된 공간 속에서 자본주의의 지배적인 사회관계가 재생산된다.

그러나 이런 과정은 동시에 자본주의적 지배를 와해시키는 모순을 야기한다. 자본주의가 생존할 수 있었던 비결은 파편화되고 균질화되고 계층화된 공간을 생산한 데 있지만,

동시에 이로 인한 모순이 발생하는 것이다. 모순은 이윤 확보를 위해 공간을 착취하고자 하는 자본의 요구와, 필요에 의해 공간을 사용하고자 하는 사람들의 요구 사이에서 발생한다. 또한 자본, 권력, 의사 결정은 중심부에 집중되지만 대중들의 일상생활은 주변부——도시 외곽 지역이라는 의미뿐만 아니라 슬럼이나 판자촌 같은 도시 내부의 저소득층이나 외국인 노동자들의 주거 지역, 제3세계 국가까지 포함하는 개념——로 분산화, 파편화되면서 사회적 응집력과 문화적 헤게모니가 약화되기 때문이다. 그래서 자본주의가 자본주의 방식으로 공간을 생산하면 할수록, 그 존속에 필요한 사회관계의 재생산이 위협받게 된다. 그래서 도시 혁명은 자본주의의 위기를 극복하는 수단이지만, 동시에 또 다른 혁명을 일으키는 계기가 될 수 있는 것이다. 자본주의의 최종적 위기 역시 노동 계급 운동에 의해 자본주의적 생산이 중단될 때가 아니라, 공간을 통한 자본주의 생산관계의 재생산이 중단될 때 발생한다. 자본주의 생산관계의 재생산이 이루어지는 곳이 도시이므로, 도시의 위기는 선진 자본주의의 근본적인 위기이다.

이런 르페브르의 생각은 자연스럽게 다음과 같은 실천적·정치적 함의를 띠게 된다. 즉, 르페브르는 자본주의에 대항하는 투쟁의 영역 역시, 자본주의에 가장 취약한 지점인 공간 영역에 초점을 맞추어야 한다고 본다.[10] 그리고 이러한 투쟁에는 기존 마르크스주의가 강조하는 작업장 중심의 투쟁이 아니라, 공간과 일상생활 영역에서의 투쟁, 즉 자본주의의 공간 조직에 의해 착취당하고 지배당하는 '주변화된' 사람들(노동 계급뿐만 아니라 토지를 갖지 못한 소농, 프롤레타리아화 된 프티 부르주아, 여성, 학생, 소수 민족 등)이 앞장서야 한다. 지금과 같은 도시 혁명의 시대, 즉 도시화된 사회에서 가장 중요한 투쟁은 이런 대중들이 대중에 의한, 대중을 위한 공간의 관리를 쟁취하는 투쟁이다.[11] 르페브르의 책 제목이기도 한 '도시에 대한 권리'는 바로 이런 투쟁을 상징하는 말이다.

2. 프랑스 68운동과 당시의 도시 상황

1968년 당시 르페브르가 몸담고 있던 프랑스 파리 근교 낭테르 대학에서 대학 당국에 대한 불만으로 시작된 학생들의 시위는 걷잡을 수 없이 확산되었다. 여기에 노동자들도 동참하면서 학생과 노동자의 시위가 프랑스 전역을 휩쓸며 혁명적 상황으로 번져나갔다. 비슷한 시기에 미국에서는 베트남 반전 운동과 흑인 민권 운동이, 동유럽에서는 소련의 권위주의 통치에 저항하는 민주화 운동이, 독일, 이탈리아, 일본 등에서는 급진적 학생 운동이 일어나는 등 전 세계적으로 기존 질서에 대한 저항 운동이 일어났다.[12] 68운동의 진원지인 낭테르 대학의 교수이던 르페브르는 이 운동에 지지를 표명했지만, 기 드보르Guy Debord같이 적극적으로 앞장서지는 않았다. 그러나 르페브르의 평소 사상과 활동은 68운동을 선도한 학생들에게 큰 영향을 미쳤다.[13] 바로 이 무렵에 르페브르가 쓴 책이 바로《도시에 대한 권리》였다. 68운동의 원인이 된 당시 프랑스의 정치·경제·사회적 맥락은 우리나라에 이미 많은 관련서들이 나와 있으므로 설명을 생략하고, 여기서는 당시 르페브르가 주목했던 프랑스의 도시 상황에 대해서만 더 구체적으로 살펴보도록 하자.

당시 프랑스에서는 도시화, 산업화가 진전되면서 농촌 사람들뿐만 아니라 옛 프랑스 식민지였던 아프리카 국가 출신의 외국인 노동자들도 파리 같은 대도시로 몰려들었고, 그로 인해 이들이 거주할 주택이 심각하게 부족해졌다. 그러자 프랑스 정부가 직접 나서서 파리 근교에 토지를 확보하고 서민들을 위한 대규모 임대 주택 단지를 건설했다. 그랑 앙상블 le grand ensemble이라고 불리는 이 대규모 임대 주택 단지는 프랑스의 기존 도시에서 보기 힘든 고층 아파트로 구성되었는데, 급하게 대량으로 주택을 공급하기 위한 불가피한 선택이었다. 그랑 앙상블은 주택 부족 상황에서 주택 문제로 고통받는 서민들과 사회적 약자들을 배려하기 위해 국가가 개입해 건설한 것이었지만, 결과적으로는 오히려 이들을 도시와 사회의 중심으로부터 배제시키고 공간적으로 격리시키

는 문제를 낳게 되었다.[14]

당시 르페브르는 파리 같은 대도시의 중심부에는 권력과 자본, 정보가 집중되는 대신 생산 기능은 배제되고, 노동 계급은 그랑 앙상블과 같은 파리 교외나 새로 건설되는 주택 단지 위주의 신도시로 쫓겨 나가는 현상에 주목했다. 노동자 계급이 배제된 파리 중심부는 점점 부자들을 위한 위락 장소, 혹은 여행자들이 찾는 박물관으로 변해가면서 관광 수입이나 금리, 지대 배당금으로 살아가는 부유한 불로소득 생활자와 금융자본에 의해 지배당했다. 그리고 외곽으로 쫓겨간 농촌 출신자 및 외국인 이주자, 노동자, 다수 시민들은 도시 중심부와 공간적·사회적으로 격리되었다. 르페브르는 이러한 현상을 탈도시화된 도시화, 일국 내 식민주의, 혹은 대도시 반식민지 현상이라고 규정한다.[15] 르페브르는 이러한 현상 속에 내포된 문제의 본질을 다음과 같은 세 가지 측면에서 날카롭게 비판했다. 첫째, 도시에서 자본의 이윤을 위해 봉사하는 교환 가치가 사람들의 사회적 필요need를 담고 있는 사용 가치를 압도하고 있다. 이는 사회의 요구, 집합적 이해에 따라 공간을 조직할 필요와 사적 소유권 간의 갈등이 점점 커지고 있음을 의미한다.

둘째, 거주(프랑스어 habiter, 영어 dwell 혹은 inhabit)의 의미가 단순히 거주처habitat의 의미로 축소되고 있다.[16] 당시 프랑스에서 새로 건설된 대규모 주거 단지는 극도로 단순화된 주거

기능, 즉 단순 거주처의 기능만 할 뿐, 일상의 삶이 이루어지는 거주의 기능은 제대로 하지 못했다. 여기서 르페브르가 말한 '거주'는 포괄적인 삶의 의미를 담고 있는 개념으로서 독일의 철학자 하이데거의 영향을 받은 것이다.[17] 르페브르는 단지 주택, 즉 협소한 거주처의 기능으로 왜소화된 교외의 고층 주택 단지 속에서 사람들이 자기 존재를 자리매김하고 타인과 관계를 맺어가는 거주 기능을 상실하고 있다고 보았다.

셋째, 르페브르가 보기에 가장 큰 문제는 당시 프랑스 사회에 이처럼 중요한 도시 문제를 총체적으로 바라보는 안목이 부족하다는 것이었다. 대학에서 도시 문제는 중요하게 다루어지지 않고 있었고, 연구자도 적었다. 도시를 어떻게 이해하고 개념화할 것인가에 관한, 도시에 대한 인식론도 취약했다. 그나마 있는 도시 연구는 각 분과 학문별로 세분화되면서 도시를 분절적으로만 바라보고 있었다. 도시를 총체적으로 바라보기 위해서는 학제 간, 다학문적 노력이 필요한데 현실은 그렇지 못했다. 르페브르의 표현에 의하면 당시 프랑스의 도시 연구는 암흑의 영역이었다. 르페브르가《도시에 대한 권리》라는 짧은 분량의 책을 쓰면서 서문에 마르크스의《자본》출간 100주년을 기념하는 책이라고 밝혔지만, 이책의 집필 의도는 도시에 관심을 두지 않는 전통적 마르크스주의에 대한 문제 제기가 담겨있었다.[18]

3. 도시에 대한 권리의 내용과 구성 요소[19]

르페브르가 주장한 '도시에 대한 권리'는 앞에서 살펴본 그의 도시에 대한 사상 및 당시 프랑스의 도시 상황에서 파생된 개념이다. 도시에 대한 권리라는 개념은 얼핏 보면 이해하기 쉬운 듯하면서 선동적인 데가 있다. 그래서 68운동 당시 이 말은 시위대들의 매력적인 구호가 되기도 했다. 그러나 자세히 들여다보면 내용과 의미가 복잡하고 이론적으로도 난해하다. 이제부터 르페브르가 주장한 '도시에 대한 권리'가 과연 어떤 권리이고 누구를 위한 권리인지 그 내용과 함의를 간단히 살펴보도록 하자.

(1) 작품으로서의 도시와 작품에 대한 권리

우선 르페브르는 도시가 농촌의 특징인 개인성, 동질성, 고립성과는 대조적으로 공공성, 이질성, 만남과 교환이라는 특징을 지닌다고 보았다. 도시는 새로운 이주자를 지속적으로 끌어들이기 때문에 항상 이질성을 띠게 된다. 도시는 서로 다른 사람들이 만나면서 번영하는 곳이다. 도시에서 중요한 것은 차이와 만남이다. 그래서 르페브르에게 도시는 다양한 도시 거주자들이 함께 만들어가는 일종의 집합적 '작품 oeuvre'이다.[20] 작품으로서의 도시는 도시 거주자들이 참여해 공동으로 만들어온 것으로 교환 가치보다는 사용 가치와 연관된다.

　　도시는 그 자체가 작품이다. 즉 화폐와 상업, 교환과 제품을 추구하는 경
　　향과 반대되는 특성을 가지고 있다. 작품은 사용 가치이고 제품은 교환
　　가치이다. 도시를 제대로 활용하는 것, 즉 거리와 광장, 건축물, 기념물
　　을 제대로 활용하는 것이 바로 축제la Fête이다.21

　　도시에 대한 권리는 그 자체가 명백히 다음 권리들──즉 자유에 대한
　　권리, 사회화 속에서의 개인화에 대한 권리, 거주에 대한 권리, 주거에
　　대한 권리──보다 상위 형태의 권리이다. 작품oeuvre에 대한 권리, 참
　　여와 전유(소유권과 분명히 구분된다)의 권리가 도시에 대한 권리를 의
　　미한다.22

　그런데 현대 자본주의 도시로 접어들면서 사용 가치보다
교환 가치가 중시되고, 그로 인해 이 집합적 작품인 도시가
소외되고 있다. 도시를 차이가 공존하는 장소로 만들기를 원
치 않는 지배 계급과 그들의 경제적 이해에 의해 도시는 더
이상 참여의 장소가 되지 못하고 있다. 이제 도시 거주자들
은 다시 도시라는 공동 작품에 대한 권리를 되찾아야 한다.
이 권리는 도시가 시민들이 서로 만나고 삶을 즐길 수 있는
곳이 되어야 한다는 객관적 필요에서 비롯된다.

(2) 전유의 권리

르페브르의 도시권을 구성하는 핵심 권리 중 하나가 바로 전유appropriation의 권리이다. 르페브르가 말한 전유의 권리는 사적 소유권과 대비되는 개념이다. 마르크스의 사용 가치와 교환 가치 개념에 비추어 볼 때, 전유의 권리는 교환 가치보다는 사용 가치를 최대화하기 위해 도시 공간을 생산하고 정의하는 권리이다. 도시 공간을 재산, 즉 시장에서 교환될 수 있는 상품으로 보는 개념은 전유의 권리와 대립된다.[23] 르페브르는 일상생활에서 도시 거주자들이 도시 공간을 완전하고 완벽하게 사용해야 한다는 점을 강조하기 위해 전유의 권리를 주장한다.

> 도시에 대한 권리는 (중략) 도시 생활에 대한 권리, 부활된 도시 중심성에 대한 권리, 만남과 교환의 장소에 대한 권리, 생활 리듬과 시간 사용에 대한 권리, 완전하고 완벽한 시간과 장소의 사용을 가능하게 하는 권리인 것이다.[24]

르페브르는 어떤 집단의 필요와 잠재성이 실현될 수 있도록 자연적 공간이 개조되면, 그 집단은 그 공간을 전유했다고 여겼다. 그는 공간을 전유하는 행동이 예술 작품을 만드는 것과 비슷하다고 보았다. 그리고 건물만 전유되는 것이 아니라 거리나 광장도 전유될 수 있다고 보았다.[25] 우리 주

변의 사례를 들어 르페브르의 전유 개념을 생각해보자. 예컨
대 탑골 공원에 모여드는 노인들은 비록 탑골 공원의 소유자
는 아니지만 탑골 공원을 탑골 공원답게 만드는 실질적인 주
인으로서, 탑골 공원을 전유하는 존재다. 촛불 집회 당시 서
울 광장에 모여든 시민들 역시 서울 광장의 전유자이며, 현
재 성미산 지키기 운동을 벌이고 있는 주민들이나 두리반에
서 철거 반대 투쟁을 벌이고 있는 문화 공연자들도 그 공간
의 전유자이다.

(3) 참여의 권리

참여의 권리 역시 도시에 대한 권리에서 매우 중요한 구성
요소이다. 참여의 권리는 도시 거주자들이 도시 공간의 생산
을 둘러싼 의사 결정에서 중심 역할을 할 수 있는 권리이다.
이는 도시 거주자들이 도시의 일상생활뿐만 아니라, 도시의
정치 생활, 도시의 관리 및 행정에까지 적극적으로 참여하
는 것을 의미한다. 참여의 권리를 요구한다는 것은 '도시에
대한 특정한 권리'를 요구하는 것이라기보다는 '도시에 대한
전반적인 권리'를 요구하는 것이다. 도시에 대한 권리는 시
민들이 자신들의 필요를 스스로 규정할 수 있는 공간을 창
출할 권리이다. 도시에 대한 권리는 참여의 권리로 인해 위
의 누군가로부터 각 개인에게 아래로 분배되는 권리가 아니
라, 도시 거주자들이 능동적·집합적으로 도시 정치에 관여

하면서 스스로 규정해나가는 것이 된다. 이런 측면에서 도시에 대한 권리는 도시의 물리적 공간에 대한 권리일 뿐만 아니라, 도시가 정치적 공간이라는 관점에서 도시 정치 공간에 대한 권리이기도 하다. 위로부터 시혜적으로 얻은 권리가 아니라 스스로 투쟁해 획득한 권리를 통해 시민들은 법적 지위를 얻는 것을 넘어서 정치적 일체감, 즉 도시에 대한 소속감까지 느끼게 된다.[26] 모든 도시 거주자는 도시 시민이 될 수 있다. 그러나 실질적 내용을 갖춘 도시 시민권을 획득하기 위해서는 시민들이 반드시 참여의 권리를 주장해야만 하고, 다른 사람들에게도 똑같은 권리를 허용해야만 한다.

르페브르는 도시에 대한 권리를 통해 도시 생활이 변혁되고, 나아가 사회가 변혁되며, 시간과 공간도 변혁된다고 보았다. 다시 말해 도시에 대한 권리는 도시 변화를 위한 매개이며, 이는 참여를 통해 만들어지는 것이다.

사이비 권리에 견주면 도시에 대한 권리는 외침이나 요구 같은 것이다. (중략) 그것은 도시 생활을 변혁하고 부활시키는 권리로서 명확하게 드러나야 한다.[27]

(4) 도시 중심부에 대한 권리

또한 르페브르는 도시 중심성, 즉 도심의 회복을 강조한다. 당시 프랑스 파리에서는 도시 중심부의 재개발로 인해 노동자 계급이 도시 외곽으로 쫓겨나는 현상이 벌어지고 있었다. 그는 이처럼 사람들이 도시 중심부로부터 배제되고, 도시 공간이 기능별, 계층별로 격리·단절되는 현상을 비판했다. 르페브르는 중심성이 도시 공간의 근본적 특성이라 보고, 만나고 모일 권리를 위해서 만남의 장소인 도시 중심부의 회복이 필요하다고 역설했다.

중심이 없다면, 공간에서 태어날 수 있는, 공간에서 생산될 수 있는 모든 것들이 함께 모이지 않는다면, 모든 대상과 주체들의 실제적이고 가능한 만남이 없다면, 도시적 실체는 없다고 나는 확언한다. (중략) 도시에서 집단, 계급, 개인들을 배제하는 것은, 또한 그들을 문명으로부터 배제하는 것이다. 도시에 대한 권리는, 차별적이고 격리적인 조직에 의해서 도시 실체로부터 쫓겨나는 것을 스스로 허락하지 않고 거부하는 것을 정당화해준다. (중략) 도시에 대한 권리는 만나고 모일 권리를 규정한다.[28]

르페브르가 중심성을 강조하는 것은 문자 그대로 도시의 중심부, 즉 도심을 강조하는 것이지만, 한편 도시 거주자가 도시 의사 결정의 중심임을 은유하는 것이기도 하다. 즉, 중심성의 권리란 의사 결정에서 주도적 역할을 할 권리와 도시의 중심부를 물리적으로 점유하면서 살 권리를 동시에 의미한다.[29] 중심부에서 배제되어 교외 지역이나 주변부로 쫓겨난 사람들에게 도시에 대한 권리는 더욱 중요하다.

(5) 차이의 권리와 정보의 권리

르페브르는 1983년 미국 캘리포니아를 방문한 이후 정보 기술이 시간과 공간에 미치는 영향에도 관심을 갖기 시작했다. 그리고 현대 대도시에서는 해외 이주뿐만 아니라 정보 기술 때문에 사람들의 사회관계가 세계화되어간다는 점에 주목한다. 이런 맥락에서 그는 도시에 대한 권리에 정보의 권리가 보완되어야 한다고 주장한다.

1970년대 후반부터 르페브르는 노동자들의 작업장 자주自主 관리에 많은 관심을 보였고 1980년대부터는 지방 자치에 관심을 갖기 시작했다. 그리고 사망할 때까지 이러한 맥락에서 새로운 정치 문화에서의 권리와 시민권 개념에 대해 연구했다. 르페브르가 보기에 시민권 개념은 약 200여 년 동안 거의 변화 없이 의견을 표현할 권리와 투표할 권리에만 머물러왔다. 르페브르는 시민권은 차별화된 사회생활을 창조하는 것을 목적으로 해야 한다고 말했다. 이것은 보다 직접적인 민주주의, 즉 자신들이 생활하는 공간과 시간의 토대 위에서 시민 사회를 창조하는 것과 관계있다.[30] 이때 서로 다를 수 있는 '차이의 권리'가 중요한 의미를 띤다.

차이의 권리와 정보의 권리에 의해 보완된 도시에 대한 권리는 도시 거주자citadin[31]인, 그리고 다양한 서비스 이용자인 시민의 권리로 수정되고, 구체화되고, 실천되어야 한다. 이것은 한편으로는 도시 영역에서 그들의 활동 시간과 공간에 관한 (중략) 이용자로서의 권리를 보장하는 것이다. 다른 한편으로는 분산되거나 게토에 감금되는 대신, (노동자, 이주민, 주변인, 특권층까지도 포함한 모두를 위해) 도시 중심부를 사용할 수 있는 권리를 포함한다.32

르페브르가 말한 차이의 권리는 차이 그 자체보다 '서로 다를 수 있는 권리'를 강조한 것이다. 또한 르페브르가 말한 서로 다를 수 있는 권리란 "모든 것을 동질화하려는 권력에 의해 결정된 범주 속으로 강제로 분류되지 않을 권리"이다.33 한 예로 우리 사회에서 소수인 동성애자들은 다수인 이성애자들과 다르다는 이유로 사회적 편견에 시달린다. 동성애자들이 원하는 것은 이성애자와 자신들이 다르다는 것, 즉 차이를 인정받고, 그들과 다르게 살 권리를 얻는 것이다.

차이는 르페브르의 공간 이론에서도 매우 중요한 개념이다. 르페브르는 1970년에 《차이 선언 *Le manifeste différentialiste*》34을 통해서 현대 일상생활의 반복적 동질화 경향을 비판하고 차별화의 중요성을 강조했다. 그리고 1974년, 그의 주된 저서인 《공간의 생산》에서 자본주의의 발전은 '추상 공간'의 헤게모니를 가져오는데, 이에 저항해 추상 공간이 전체 지구를 정복하는 것을 막기 위해서 '차별화된 공간'을 생산하는 투쟁을 벌여야 한다고 주장했다.35 자본주의에서 파편화, 균질화, 계층화의 방향으로 공간을 조직하는 권력에 맞서는 것이 바로 차이의 권리를 위한 투쟁이다. 르페브르는 이 차이의 권리를 위한 투쟁을 신체, 건물, 동네, 도시, 민족 해방 운동, 전 지구적인 지리적 불균등 발전 등 여러 차원에 적용했다.[36]

최근 여성주의자들의 논의나 소수자 권리 운동에서도 르페브르가 말한 차이의 권리가 거듭 강조되고 있다. 보통 남성, 유산 계층, 다수 민족, 이성애자 등으로 구성된 지배 집단은, 여성, 무산 계층, 소수 민족, 동성애자 등을 단지 자신들과 다르다는 이유로 억압하거나 무시하고, 끊임없이 불이익을 가해왔다. 따라서 성, 인종, 민족, 재산 소유 여부 등의 차이 때문에 집단적으로 차별받지 않고 평등한 권리를 누리기 위해서는 르페브르가 말한 차이의 권리가 인정되어야 하는 것이다.[37]

(6) 도시 거주자의 권리

35~36쪽의 인용문에서 보다시피, 르페브르는 도시에 대한 권리는 도시에 거주하는 사람과 도시 서비스를 이용하는 시민이 누려야 한다고 보았다. 이러한 르페브르의 생각은 근대적 의미의 시민권 개념과 구별된다. 근대적 의미의 시민권은 1648년 베스트팔렌 조약을 계기로 이루어진 근대 국민국가의 영토 형성과 밀접한 관련이 있다. 이때부터 시민권은 국가에 소속된 국민에게 한정 부여되었다. 그런데 르페브르는 정치 공동체의 소속감은 같은 국적에 기반한 국민보다는

같은 도시 거주자에게 있다고 강조했다. 즉, 도시 거주자로서의 권리를 근대적 시민권보다 더 의미 있는 것으로 본 것이다.

르페브르는 사망할 때까지 저술 작업을 멈추지 않았는데, 사망하기 바로 전에 쓴 책이 《시민권의 계약*Du contrat de citoyenneté*》이다.[38] 그는 이 책에서 유럽 통합과 국경을 넘나드는 이주민의 증가로 인해 새로운 시민권의 필요성이 증대되고 있음을 주목한다. 이때 필요한 새로운 시민권은 각 개인의 정체성과 소속감의 다원성을 반영한 것이어야 한다고 그는 주장한다. 즉, 생산자이자 소비자이자 이용자인 시민들의 다원적 소속감을 동시에 충족시켜주는 시민권이 만들어져야 한다는 것이다.

르페브르가 보기에 인권의 역사에서 중요한 계기가 된 1789년의 프랑스 혁명 직후에 공표된 〈인간과 시민의 권리 선언〉——르페브르가 《시민권의 계약》을 쓸 당시는 이 선언이 나온 지 200주년이 되는 시점이었다——에서는 인간의 권리와 시민의 권리가 구분되지 않았다. 그런데 이후 200여 년의 시간이 흐르면서 이 두 권리 사이의 간격이 커졌다. 그동안 인권은 다양화되고 확대되고 국제적으로 관심을 불러일으키는 주제가 되었지만, 시민권은 처음의 모습에서 변하지 않은 채, 단지 존속을 위한 최소한의 형태로 축소·동결되었다. 이제 시민권에서는 부정에 대항해 봉기할 권리들은 더 이상 언급조차 되지 않고 있다. 새롭게 구성될 시민권은 현대 사회의 일상생활의 경험 및 절박한 요구를 반영해야 한다. 그러기 위해서는 다음과 같은 요소들, 즉 ① 정보의 권리, ② 자유로운 의사 표현의 권리, ③ 문화에 대한 권리, ④ 차이 속에서 정체성을 가질 권리, ⑤ 자주 관리에 대한 권리, ⑥ 도시에 대한 권리, ⑦ 공공 서비스에 대한 권리 등을 포함해야 한다.[39]

(7) 르페브르의 이상 도시―파리 코뮌

1871년의 파리 코뮌은 르페브르가 도시와 관련해 선호한 모든 것, 예를 들어 축제와 혁명적 정치 같은 것들이 구현되었던 공간이었다. 르페브르는 코뮌을 "유사 이래 유일한 혁명적 도시주의의 실현"이라고 보았다. 르페브르에 따르면 파리 코뮌에서 가장 결정적인 점은 변두리와 주변부로 쫓겨난 노동자들이 도시 중심으로 돌아오고자 했던 힘과, 그들이 자신들의 도시, 즉 자신들의 빼앗긴 작품을 재탈환했다는 사실이다. 코뮌 지지자들은 이제까지의 문화와 일상에 대해 반기를 들었고, 자유와 자결을 요구했으며, 부르주아 권력과 권위의 상징들을 파괴했다. 거리를 점거하고 소리치고 자신들의 '도시에 대한 권리'를 요구했다. 모든 프랑스인이 인간으로서, 시민으로서, 노동자로서 자신의 소질과 능력을 완전히 행사할 수 있도록 보장하는 코뮌의 절대적 자치를 선언한 '파리 코뮌 선언La proclamation de la Commune'은 바로 이를 상징하는 기록물이다. 파리 코뮌 선언에서는 파리 민중이 요구하는 행정적·정치적 개혁의 수행, 교육·생산·교환·금융을 일으키고 보급하는 데 적합한 제도의 수립, 그리고 당대의 필요성과 이해 당사자의 소망을 충족시키면서 권력과 소유권을 보편화하는 데 적합한 제도의 수립 등을 코뮌의 권리로 규정하고 있다.[40] 르페브르는 코뮌이 도시 자체를 인간 현실의 표준과 규범으로 만들고자 한 거대하고 매우 훌륭한 시도였다고 생각했다.[41]

(8) 도시에 대한 권리와 도시 혁명

르페브르에게 일상생활과 도시 사회는 서로 맞물려 있는 영역이다. 그래서 도시에 대한 권리는 일상생활에서의 실천과 밀접히 관련되어 있다. 또한 르페브르에게 도시는 단지 물리적인 공간 형태 이상의 것으로, 생산관계를 재생산하는 장소이기도 하다. 르페브르가 보기에 참다운 도시 생활의 실현은 거주자들이 도시의 정치·경제 영역에서 자신의 주장을 외치고 거기에 적극 참여함으로써 가능해진다. 이를 통해 거주자 스스로가 새로운 생활 양식, 새로운 사회관계의 가능성을 확인하는 것이다. 이런 의미에서 르페브르의 도시에 대한 권리 개념 중 가장 중요한 것은 참여의 권리이다. 참여의 권리는 도시 거주자들이 도시 공간을 생산하는 결정에 참여할 수 있도록 한다. 또 하나 중요한 권리가 전유의 권리이다. 전유의 권리는 공간에 접근하고 공간을 점유하고 사용할 권리, 사람들의 필요에 부합하는 새로운 공간을 창출할 권리를 포함한다. 여기에는 거주의 권리가 포함될 수 있으며, 거주에 대한 권리는 뒤에서 다룰 주거권을 포함한다. 그런데 이러한 권리는 위로부터 주어진 권리가 아니다. 도시에 대한 권리는 "사이비 권리, 또는 그저 주어지는 권리가 아니라 함성과 요구 같은 것이다". 이를 위해서는 현재 도시 공간을 형성하는 가장 큰 힘인 자본주의의 힘, 자유 시장의 힘이 수정, 완화, 조정되어야만 한다. 그렇지 못하다면, 경제적 능력이 없는 사람들에겐 도시에 대한 권리가 단지 구호에 불과할 뿐이다. 도시에 대한 권리 주장은 자본주의가 만드는 추상 공간의 헤게모니에 저항하는, 르페브르가 '차별화된 공간'이라고 부른 것을 생산하기 위한 투쟁, 즉 자신을 위한 공간을 생산할 권리를 획득하기 위한 투쟁인 것이다.[42]

　이런 투쟁을 통해 집단적 작품으로서의 도시가 만들어질 수 있다. 그리고 새로운 거주 양식, 새로운 삶의 양식이 발명된다. 《공간의 생산》에서 르페브르가 서술했듯이 새로운 공간을 생산하지 못하는 혁명은 그 완전한 잠재력을 실현하지 못한다. 정말로 인생 그 자체를 변화시키지 못하고 단지 이데올로기적 상부 구조, 제도, 정치적 조직만 변화시킬 뿐이라면 혁명은 실패한다. 르페브르는 교조적·획일적 스탈린주의를 거부했다. 그는 성숙한 개인의 차별화된 실천을 선호했다. 그리고 차별화된 실천은 차별화된 공간을 통해서, 개인의 '도시에 대한 권리'를 통해서, '도시 혁명'을 통해서 가능하다고 보았다.[43]

르페브르의 도시에 대한 권리 주장은 당시 프랑스의 많은 영역에 큰 영향을 미쳤다. 르페브르의 영향을 받은 1970년대의 프랑스 활동가들은 민주적 참여, 자주 관리, 도시 변혁을 외쳤다. 이는 "도시를 바꿔라, 인생을 바꿔라changer la ville, changer la vie" 같은 슬로건으로 표현됐다. 프랑스 사회당과 공산당은 연합해 여러 지방 자치제들을 장악했다. 1981년에는 사회당이 중앙 정부를 장악했다. 그러나 집권 사회당은 교외 지역에 관심을 가졌고 르페브르가 강조한 도시 중심부에는 관심을 쏟지 않았다.[44] 오히려 르페브르의 도시에 대한 권리 주장은 모국 프랑스보다 멀리 떨어진 라틴 아메리카에 더 큰 영향을 미쳤고, 그곳에서 많은 실천이 이루어졌다.

최근에 와서 도시에 대한 권리 주장을 포함한 르페브르의 사상이 전 세계적으로 새롭게 조명되고 있다. 서구 학계에서는 이른바 '르페브르 산업'이 성장하고 있다고 말할 정도로 르페브르의 사상이 유행하고 있다. 난해하지만 독창성과 함의가 풍부한 르페브르의 사상은 새로운 세계를 모색하는 사람들에게 끊임없는 상상력의 원천이 되고 있다.

4. 르페브르 논의의 후계자들

르페브르의 도시에 대한 권리 개념은 실천을 지향하는 사람들에게 매우 매력적이었지만, 사실 상당히 철학적이고 추상적이어서 쉽게 구체화되고 곧바로 명료한 실천적 지침으로 활용될 수 있는 것은 아니었다. 그러나 풍부한 상상력과 다양하게 해석될 수 있는 함의를 품고 있기 때문에 세계 각국의 다양한 실천 운동의 이론적 근거로 활용되기도 했다. 또한 많은 학자들이 암묵적, 명시적으로 르페브르의 도시에 대한 권리 개념에 영감을 받았다.

르페브르의 도시에 대한 권리 개념은 자본주의적 사회관계 그 자체에 도전하는 혁명적 관점을 지니고 있다. 교환 가치보다 사용 가치, 사유 재산권보다 전유의 권리를 강조하는 도시에 대한 권리는 자본주의의 핵심 논리에 대항하는 것이다. 즉, 르페브르의 도시에 대한 권리가 완전히 실현되려면 자본주의 사회관계의 근본적 변혁이 필요한 것이다. 르페브르의 도시에 대한 권리 개념에 담긴 이 같은 혁명적 관점을 계승하는 후속 연구가 데이비드 하비David Harvey 등의 학자들을 중심으로 이어졌다.

하지만 유엔 산하 기구나 서구 선진국의 도시에서 진행되고 있는 '도시에 대한 권리' 관련 실천 행동은 보다 정의롭고 포용적인 도시를 만드는 데 초점이 맞추어져 있다. 즉, 자본주의 체제 자체를 부정하기보다, 이를 인정하면서 그 속에서 가능한 개혁을 추진하려 한다. 유엔이 주도하고 있는 도시에 대한 권리 프로젝트가 가장 대표적이다. 이러한 관점에서는 르페브르의 도시에 대한 권리 주장에서 얻은 통찰력을 현실에 적용할 수 있는 온건한 내용의 도시 정책에 활용하고자 한다. 지금부터 르페브르의 도시에 대한 권리 주장의 후속 논의들을 이 두 가지 흐름별로 살펴보자.

(1) 혁명적 관점의 계승

르페브르의 혁명적 관점은 주로 하비, 퍼셀, 디켈 등과 같은 학자들을 통해서 계승되고 있다. 영미권을 대표하는 마르크스주의 지리학자 데이비드 하비는 1973년에 《사회 정의와 도시*Social Justice and the City*》를 통해 르페브르의 이론을 영미권에 처음 소개한 학자이다. 2000년대에 들어와 하비는 '도시에 대한 권리'라고 제목 붙인 두 편의 짧은 논문을 통해 도시에 대한 권리를 확보하기 위한 투쟁의 의의와 중요성을 새롭게 강조하고 있다. 하비의 관점에서 보자면 르페브르가 말한 도시에 대한 권리는 이미 존재하는 것에 대한 접근 권리뿐만 아니라, 우리의 가슴이 바라는 것을 좇아 도시를 변화시킬 권리까지 포함한다.[45] 따라서 도시에 대한 권리는 도시가 지니고 있는 자원에 대한 개인적 접근권보다 훨씬 더 큰 것을 의미한다.

도시에 대한 권리는 우리 가슴 속의 희망을 좇아 도시를 변화시킴으로써 우리 자신을 변화시킬 권리이다. 나아가 도시의 변화는 필연적으로 도시화 과정을 지배하는 집합적 권력의 작동에 달려 있기 때문에, 도시에 대한 권리는 개인적 권리라기보다는 공동의 권리라고 할 수 있다. 우리 자신과 우리 도시를 창조, 재창조하는 자유는 우리의 가장 소중한 인권임에도 불구하고 가장 무시되었던 인권이라고 주장하고 싶다.46

하지만 소유적 개인주의라는 강력한 신자유주의 윤리가 등장하고 집합적 차원의 행동은 위축되고 있는 현재의 세계에서는 자산 가치를 지키는 것이 가장 중요한 정치적 이해가 되고 있다고 하비는 분석한다. 이런 조건에서 도시 정체성, 시민권, 귀속 의식이라는 이상은 이미 신자유주의 윤리의 확산에 의해 위협받고 있다. 자본주의 도시화는 그 지리적 규모를 계속 증대해가면서 자본 잉여의 흡수에 매우 중요한 역할을 했지만, 도시 대중들에게서 도시에 대한 모든 권리를 강탈했다. 그 대신 도시에 대한 권리는 사적 이해관계의 손으로 넘어갔다. 따라서 현재 인정받고 있는 도시에 대한 권리는 소수의 정치적·경제적 엘리트에게 한정된 것으로서, 범위가 지극히 협소하다. 그 결과, 소외된 사람들에 의한 폭동이나 반란이 도시에서 주기적으로 일어나고 있다. 다른 한편, 도시에 대한 집합적 권리를 위한 사회 운동이 일어나 일부 성과를 얻기도 한다. 하지만 아직까지 도시 사회 운동은 도시의 위기에 영향받는 수많은 사람들의 필요를 충족하는 해결책을 행할 수 있을 정도로 강력한 세력을 형성하거나 단일한 목표 아래 모이지 못하고 있다는 한계가 있다.[47]

결국 도시에 대한 권리를 정치적 이상이자 투쟁의 슬로건으로 내걸어서, 이러한 여러 투쟁을 하나로 모아야 한다. 오랫동안 도시에서 배제되고 도시에 대한 권리를 빼앗겼던 사람들이 도시 통제권을 되찾고, 자본 잉여를 통제하는 새로운 양식의 도시화 과정을 제도화하고자 한다면, 이러한 의지를 담보할 도시에 대한 권리의 민주화와 광범위한 사회 운동의 구축이 불가피하다.[48]

하비는 2012년 르페브르의 도시에 대한 권리 사상을 지금 현실에서 재해석한 책을 썼는데, 제목은 《반란의 도시Rebel Cities》, 부제는 《도시에 대한 권리에서 도시혁명으로》이다.[49] 이 책의 부제는 1968년과 1970년 르페브르가 도시를 주제로 이어서 쓴 두 권의 책 제목이기도 하다. 여기서 하비는 도시에 대한 권리가 지적으로 매력 있고 유행하는 사상에서 비롯된 것이 아니라 거리에서 지역사회에서 형성된 것이며, 르페브르가 말한 것처럼 지금 도시에서 살고 있는 다수 민중들의 애타는 호소인 동시에 요청이라는 점을 분명히 한다.

르페브르는 도시에 대한 권리가 애타는 호소인 동시에 요청이라고 주장했다. 도시에 대한 권리는 도시 일상생활이 쇠퇴하는 위기에서 비롯하는 실존적 고통에 대한 반응이라는 의미에서 호소였다. 또 도시에 대한 권리는 이 위기를 똑똑히 직시해 대안적 도시생활을 창조하라는 명령을 담고 있다는 의미에서 요구였다.[50]

도시에 대한 권리 사상은 (중략) 거리에서, 지역사회에서 형성된 것이다. 억압을 당하며 절망하는 사람들의 도와달라는 절규, 생계유지를 위한 요구인 것이다.[51]

그럼에도 불구하고 하비는 누가 어떤 의미를 집어넣느냐에 따라 도시에 대한 권리가 다르게 주장될 수 있음을 우려한다. 따라서 하비는 도시에 대한 권리가 개인적 권리가 아니라 집단적 권리이며, 혁명 운동, 좌파 운동, 반자본주의적 운동, 사회주의 운동을 지향해야 함을 강조한다.

도시에 대한 권리는 누가 어떤 의미를 집어넣느냐에 따라 모든 것이 달라진다. 금융투자가와 개발업자도 도시에 대한 권리를 요구할 수 있다. 그럴만한 자격이 있다. 따라서 우리는 마르크스가 《자본》에서 말한 것처럼 "동등한 권리 사이에는 어느 게 우위인지는 힘이 결정한다"는 사실을 알고 있긴 하지만, 누구의 권리를 중시해야 하는가라는 문제에 맞닥뜨리게 된다. 권리를 정의하는 것은 그 자체가 투쟁의 대상이며, 또 권리

를 정의하는 투쟁은 권리를 실현하기 위한 투쟁과 병행해서 진행될 수
밖에 없다.52

기존 정치권력이 도시에 대한 권리라는 말을 사용하려는 시도에 불만
을 품을 필요는 없다. 좌파는 도시에 대한 권리를 적극 옹호하고 자신만
의 독특한 내재적 의미를 유지하기 위한 투쟁을 벌여나가면 된다. 도시
를 생산하고 재생산하는 노동에 종사한 모든 사람은 자신이 생산한 것
에 대한 집단적 권리는 물론 어떤 유형의 도시 공간이 어디서 어떻게 생
산되어야 하는지를 결정할 집단적 권리까지 있다고 주장해야 한다. (중
략) 도시에 대한 권리는 배타적인 개인적 권리가 아니라, 집단에 초점이
맞춰진 권리이다. (중략) 도시에 대한 권리는 이미 존재하는 권리가 아니
라, 도시를 사회주의적 정치체로 재건설하고 재창조하는 권리로 해석해
야 한다. 한 마디로 빈곤과 사회적 불평등을 근절하고 파멸적 환경악화
로 인한 상처를 치유하는 도시를 건설할 권리인 것이다. 이런 도시가 현
실화된다면 영속적 자본축적을 추진하는 파괴적 도시 공간 형성은 더
이상 설 자리가 없을 것이다.53

퍼셀M. Purcel 역시 르페브르의 도시에 대한 권리가 완전히
실현되려면 사회관계의 근본적 변혁이 필요하다고 보고 있
다. 그는 르페브르의 도시에 대한 권리 주장을 이어받은 여
러 후속 연구들이 이 개념을 제대로 이해하지 못해 르페브르
개념의 혁명적 함의를 평가절하했다고 비판한다. 또한 도시

에 대한 권리 개념이 현재 다양한 운동에 활용되고 있지만, 이 중 르페브르가 원래 의도한 권리를 제대로 주장하는 운동은 거의 없다고 비판하면서, 르페브르의 원래 개념이 희석되었다고 주장한다.[54] 최근 르페브르의 재조명에 몰두하고 있는 젊은 연구자 디켈M. Dikeç 역시 르페브르의 도시에 대한 권리 개념을 개인적 권리라는 자유주의적 사고로 해석하지 말아야 한다는 점을 거듭 강조한다.[55]

퍼셀이 언급한 대로, 또 하비가 부연한 대로, 르페브르의 도시에 대한 권리 개념은 사실상 자본주의적 사회관계에 도전하는 개념이다. 지난 두 세기를 거치면서 자본주의에서는 도시 공간이 자본 축적에 핵심적 역할을 했다. 그런데 자본주의가 교환 가치를 위해 도시 공간을 생산할 수 있었던 것은 사유 재산에 대한 권리가 보장되었기 때문이었다. 교환 가치보다 사용 가치, 사유 재산권보다 전유의 권리를 강조하는 도시에 대한 권리는 도시 공간을 생산하는 자본과 대항하는 것이다. 만약 참여의 권리를 통해 도시 거주자들이 도시 공간의 결정과 생산에서 중심적 역할을 하게 된다면, 단지 재산권을 가지고 있다고 해서 도시 토지의 이용을 마음대로 결정하는 일은 더 이상 일어나지 못할 것이다.[56] 즉, 르페브르의 도시에 대한 권리가 완전히 실현되려면 자본주의 사회관계의 근본적 변혁이 필요한 것이다.[57]

(2) 개혁적 관점의 계승

혁명적 관점의 대표적인 학자가 데이비드 하비라면, 개혁적 관점에서 도시에 대한 권리 개념을 수용한 대표적 학자는 존 프리드먼John Friedmann이다. 프리드먼은 진보적 입장을 대변하는 미국의 대표적인 도시 및 지역 계획 학자이자, 서구의 도시 및 지역 계획 아이디어를 제3세계에 전파하는 데 중요한 역할을 한 사람이다. 그 과정에서 그는 근대화 이론에 근거해 서구 선진국에서 만들어진 정책 아이디어를 제3세계에 무비판적으로 적용하는 것을 비판하고, 제3세계가 서구 정책을 그대로 모방하기보다는, 그들의 현실 상황에 부합하는 독자적인 정책을 개발할 필요가 있다고 주장해왔다. 프리드먼은 〈도시에 대한 권리The right to the city〉라는 짧은 논문에서 사람들이 권리를 주장하는 경우는 두 가지뿐이라고 말한다.[58] 첫째는 억압적 국가에 저항하기 위해서이고, 둘째는 축하하기 위해서이다. 그는 라틴 아메리카 도시들의 바리오barrios[59]에서 도시로부터 혹은 생활을 위한 돈벌이로부터 배제된 사람들이 새로운 형태의 도시 공동체를 형성한 것을 보고, 이는 인민 권력의 놀라운 부활이며, 자신에게 스스로 권한을 부여하는 것이자 새로운 권리에 대한 주장이라고 해석했다.

프리드먼은 이후 꾸준히 시민들의 권리에 대해 관심을 가지고 연구했다. 그는 시민들이 누려야 할 중요 권리로 발언

할 권리, 서로 다를 권리, 번영할 권리를 강조했다.[60] 또 다른 글에서는 시민권의 세 가지 모델, 즉 전통적 개념인 '국가 중심적 시민권', 이제 막 시작되고 있는 '세계주의적cosmopolitan 시민권', 그리고 본인이 관심을 갖는 '반항적insurgent 시민권'을 제시하고[61] 사회에 대한 행동적 참여, 정치적 담론과 실천의 소통, 민주적 공간의 확장을 위한 반항적 시민권의 필요성을 역설했다.[62] 프리드먼은 소수 활동가를 제외한 대부분의 시민들은 정치 문제에 직접 나서서 행동하기에는 많은 시간과 노력이 들기 때문에 자신들의 일상생활 공간에 아주 중요한 영향을 미치는 사안이 아니라면 가급적 나서기를 꺼리는 경향이 있지만, 시민 사회가 도시를 지배하는 권력에 효과적으로 맞서기 위해서는 시민들이 정치적으로 조직되어 자기 목소리를 내야만 한다고 강조한다.[63]

프리드먼이 관심을 가진 반항적 시민권의 주창자이기도 한 홀스턴James Holston은 한 걸음 더 나아가 도시 단위의 시민권을 주장한다. 이 책의 뒷부분에서 좀 더 자세히 소개하겠지만, 홀스턴은 지금과 같은 세계화 시대에는 국민 국가보다는 세계화를 선도하는 대도시가 가장 기본적인 정치적 공동체의 역할을 할 수 있으며, 대도시 속에서 생활하는 사람들의 경험 속에서 요구되는 권리의 주장이 새로운 형태의 시민권, 즉 도시 시민권urban citizenship의 내용이 될 수 있다고 본다. 이러한 형태의 도시 시민권은 르페브르가 앞서 도시 거주자의 권리를 강조한 것과 일맥상통한다.

한편 르페브르의 책 제목과 같은 '도시에 대한 권리'라는 책을 미국 도시의 맥락에서 출간한 돈 미첼Don Mitchell은 미국의 공공 공간에 대한 분석을 통해 현재 반세계화 운동 시위자들이나 노숙자들이 거리나 공원 같은 공공 공간에서 배제되거나 추방되고 있는 현상, 특히 9.11 테러 이후 미국 도시에서 공공 공간에 대한 감시와 통제가 더욱 심해지고 있는 현상을 주목한다. 미첼이 가장 날카롭게 비판하는 것은 도시 미관과 중산층들의 편의를 위해 노숙자들이 공원에서 쫓겨나고, 테러 방지라는 명분으로 거리의 시위대들에 대한 강경 진압이 이루어지는 경우이다. 미첼은 사회 정의를 위해서는 누구나 자유롭게 공공 공간에 접근하고 그 공간을 사용할 수 있는 권리가 보장되어야 하는데, 이때 르페브르의 도시에 대한 권리 개념이 중요한 이론적 근거가 될 수 있다고 본다. 나아가 도시에 대한 권리 개념이 진보적이고 민주적이며 정의로운 세계를 만드는 전망의 핵심이 되어야 한다고 강조한다.[64] 미국 도시의 현 상황에 대한 미첼의 분석은 2010년 11월 한국에서 개최된 G20 정상 회의를 앞두고 노숙자들을 눈에 안 띄는 곳으로 내쫓고 야간 옥외 집회를 금지하려고 했던 우리나라 상황에 시사하는 바가 크다.[65]

제 2 장 —————— 도시에 대한
권리의
실천 운동[66]

르페브르의 도시에 대한 권리 개념은 단순히 이론에 그치지 않고 다양한 차원의 도시 사회 운동에서 실천 이념으로 활용되었다. 또 이러한 사회 운동의 성과가 국제적·국가적·도시적 차원에서 다양한 형태로 구현되었다. 그중에는 현실적 구속력을 가진 법의 형태로 실현된 것도 있고, 규범적 차원에서 적극적 권장이나 행동 지침의 성격을 띠는 헌장 형태로 표현된 것도 있다. 또 각 도시의 도시 정책 속에 스며든 것도 있다.

개발도상국의 경우, 급격한 도시화 과정에서 파생된 도시 빈민들의 생존권적 요구, 즉 주거권과 같은 사회 경제적 권리에 대한 요구가 도시에 대한 권리라는 틀 속에서 이루어졌다. 생존권의 문제를 어느 정도 해결한 선진국의 경우에는 최근 세계화 과정과 맞물려 선진국의 도시로 몰려드는 외국인들을 어떻게 그 사회 속에 포용할 것인가와 관련해 르페브르의 도시에 대한 권리 개념이 재조명되고 있다. 외국인 이주자들은 선진국을 위해 일하지만, 선진국 사회의 법적 시민권을 갖고 있지 못하거나 갖고 있더라도 여전히 경제 사회적으로 소외되고 공간적으로 격리되고 있다. 이들의 권리를 증진시키기 위해 새로운 형태의 시민권이 필요하다는 논의 또한 르페브르의 도시에 대한 권리 개념에서 비롯됐다.

이 장에서는 이처럼 선진국과 개발도상국을 포함하여 세계 각국에서 진행되고 있는 도시에 대한 권리와 관련된 실천 운동의 전개 과정과 성과에 대해 살펴보고자 한다.

1. 브라질의 도시법 제정 운동

르페브르의 도시에 대한 권리 개념은 급속한 도시화에 따른 무허가 정착지의 확산과 그 속에서 삶을 영위하는 도시 빈곤층의 주거 문제가 심각했던 라틴 아메리카 국가들에 특히 많은 영향을 미쳤다. 이 지역의 활동가들은 무허가 정착지 주민들의 삶을 개선하기 위한 실천 운동의 철학과 사상으로 도시에 대한 권리 개념을 활용했다. 또 한 걸음 더 나아가 이 개념을 구속력을 갖춘 실정법 형태로 실현하고자 노력해 왔다. 오랜 사회운동과 정치적 압력을 통해 콜롬비아에서는 1997년에, 브라질에서는 2001년에 도시에 대한 권리 개념을 명시한 법률이 통과되었다.[67] 이 장에서는 도시에 대한 권리를 법제화한 브라질의 도시법 제정 과정과 그 법의 내용에 대해 조금 자세히 살펴본다.

제3세계의 도시화 과정에서 흔히 볼 수 있는 것처럼 브라질에서도 농촌을 떠난 많은 인구가 도시로 몰려들었고, 이들은 도시 주변의 방치된 부재지주의 땅을 무단 점유해 무허가 정착촌을 형성하면서 스스로의 힘으로 자신과 가족들의 생활환경을 개척했다. 사유 재산권 개념에 얽매여 있던 브라질의 기존 법체계는 이런 현실 상황의 개선에 무력했다. 한쪽에서 불안정한 주거 형태인 무허가 정착촌이 확산되는 동안, 다른 쪽에서는 토지 독점과 투기가 만연했다. 부재지주가 소유한 방대한 토지들이 미활용 혹은 저활용 상태로 방치되었고, 소수 상류층들은 자신들만의 폐쇄 공동체gated community를 따로 조성했다.

1964년 쿠데타를 통해 집권한 브라질 군사 정부는 도시 공간을 근대적으로 정비한다는 명목으로 무허가 정착촌을 강제 철거하고 이곳의 주민 운동을 폭력적으로 탄압했다. 그러나 이들의 주거 문제를 해결할 대안이 없는 상황에서 무조건 철거만 할 수는 없었고, 그 결과 1970년대 말부터 자조自助 주택의 증개축을 지원하거나 불량 주택을 양성화하는 방안들이 모색되기 시작했다. 정부가 책임지고 공식 주택 시장에서 정상적인 주택을 새로 지어 공급하는 방안보다는, 비공식 주택 시장에 이미 존재하는 자조 주택을 효율적으로 활용

하는 방안이 대안적 정책으로 자리 잡아갔다.[68]

오랜 민주화 운동의 결실로 1985년 브라질에서는 21년간 통치했던 군사 정권이 종식되고 민주 정부가 수립되었다. 민주 정부가 들어서서 새 헌법을 제정하는 과정에서 빈민 운동 및 주거 운동 진영, 전문가와 시민 단체, 학계 등이 힘을 합쳐, 새 헌법에 담아야 할 내용으로서 '대중적 도시 개혁안 The Popular Urban Reform Amendment'을 제출했다. 이러한 운동의 성과로, 1988년 제정된 신헌법의 제182조와 제183조에 도시에 대한 권리 및 도시에 대한 권리를 보증하는 수단에 대한 내용이 포함되었다. 헌법에 규정된 이 두 조항의 핵심 내용은 주거권과 관련해 사용취득usucapiao[69] 권리, 즉 점유에 의한 소유권 취득과 임차권의 형태로 실제 사용권을 인정하는 것이었다. 또 사유 재산권의 사회적 기능, 지방 정부의 적극적 역할, 도시 관리의 민주화에 대한 내용도 헌법에 보장되었다. 이 헌법에 따라 무허가 정착촌 주민들도 시민으로서의 권리와 주거의 권리를 법적으로 인정받게 되었다. 또 이 헌법 조항을 근거로, 진보개혁 세력이 집권한 일부 대도시 지방 정부에서는 1980년대 후반부터 무허가 정착촌에 대한 규제나 강제 철거 대신 이를 합법화, 양성화하는 여러 혁신적 정책 대안들을 만들기 시작했다.[70] 그중 가장 혁신적인 정책을 많이 생산한 곳이 '참여 예산 제도'를 세계에서 처음으로 시작한 포르투 알레그레이다. 1989년 좌익 연합 세력인 인민전선이 포르투 알레그레의 지방 선거에서 승리하면서, 지방 정부의 정책 결정 과정에 대한 대중 참여를 촉진하려는 여러 정책이 실시되었고, 그중에서도 예산 편성 과정에서 일반 주민들의 참여율이 대폭 늘어났다. 포르투 알레그레에서 참여 예산 운영 결과 공립학교의 아동 수가 세 배 증가하였다. 참여 예산 과정이 매력적인 것은 주민들이 자신들의 정치 참여 결과를 눈으로 직접 확인한다는 것이다. 참여 주민들은 자신들이 가진 도시에 대한 권리를 구체적으로 표현하는 것이다.[71] 이것은 주민들의 지방 행정 참여 권리를 촉진시킨 모범 사례로서, 우리나라를 비롯해 전 세계 각 지역으로 퍼져나갔다.

1990년대에 들어와 브라질의 다양한 도시 및 주거 운동 집단들은 '국가도시개혁포럼'을 결성해 헌법 내용을 구체화할 도시법 제정 운동을 펼쳐나갔다. 10여 년 이상의 오랜 정치적 협상 끝에 2001년 마침내 '도시법City Statute'이라고 이름 붙은 연방 정부 법률이 제정되었다. 이 법의 목적은 1988년 헌법에 추상적인 형태로 도입된 내용을 법률 차원에서 보다 구체화하는 것이었다. 비록 처음 제안된 내용 중 일부 급진적 조항이 대통령의 법률안 거부권으로 삭제되어버린 한계는 있지만, 이 법은 도시권을 명시적인 집합적 권리로 인정하고, 이에 근거해 브라질의 도시 개발 및 관리 과정을 규제할 수단을 제도화했다는 의의를 가진다.

브라질 도시법은 크게 다음 네 가지 내용으로 구성된다. 첫째, 개념적 차원으로, 도시 및 도시 토지의 사회적 기능에 관한 헌법 원칙을 구체적으로 해석한 내용이다. 둘째, 도시 정부가 취할 수 있는 법적·재정적 수단과 범위를 규정한 내용이다. 셋째, 주민 참여를 포함한 도시의 민주적 관리에 대해 규정한 내용이다. 넷째, 무허가 정착촌의 양성화를 위한 법적 수단들을 규정한 내용이다. 브라질의 도시법에 명시된 무허가 정착촌 양성화의 대표적 수단으로는, 토지 소유자는 있지만 저활용·미활용되는 도시 토지의 분할·건축·강제 이용 촉진, 시간이 지날수록 누증하는 재산세, 공공을 위한 토지 매입에 필요한 공채, 장기 점유자의 소유권 취득 허용 등이 있다.[72]

오랜 정치적 투쟁을 통해 도시에 대한 권리가 실정법으로 제도화되었다는 것과 함께, 중앙 정부보다 주민들과 더 밀접한 도시 정부에게 법적·재정적 수단들을 줌으로써 도시 정부의 역할이 확대되었다는 것에 브라질 도시법 제정의 의의가 있다. 이를 통해 도시 문제에 대해 주민들이 보다 쉽게 참여할 수 있게 되었다.

2. 도시에 대한 권리를 명시한 에콰도르 헌법

에콰도르는 도시에 대한 권리를 헌법에 명시한 최초의 국가이다. 2008년 개정된 에콰도르 신헌법은 제6장에서 거주지와 주택에 대한 권리를 규정하고 있는데, 헌법 30조에서 거주지와 주택에 대한 권리를, 헌법 31조에서 도시에 대한 권리를 명시하고 있다.[73]

에콰도르는 2009년부터 시작된 국가발전계획(2009~2013)과 2013년부터 시작된 국가발전계획(2013~2017)에서도 도시에 대한 권리를 계획 항목에 반영하였다. 도시에 대한 권리가 계획에 반영된 분야는 토지이용계획, 환경적 지속가능성, 위기 관리, 도시의 민주적 관리, 공공 공간에 대한 접근성, 시민 안전 분야 등이다. 하지만 에콰도르에서 도시에 대한 권리가 법적, 제도적으로 뒷받침되었음에도 불구하고, 주택 분야 계획 외에는 아직 효과적으로 작동되지 못하고 있다는 평가를 받고 있다.[74]

3. 도시에 대한 권리 헌장 제정 운동

브라질의 도시법과 같은 법적 구속력은 없지만 도시에 대한 권리 혹은 도시에서의 인권을 적극적으로 실현하겠다는 의지를 담은 헌장의 제정 운동도 개별 도시 차원, 도시들의 연합 차원, 유럽연합 차원, 국제적 차원에서 활발하게 일어 났다. 스페인의 바르셀로나, 프랑스의 리옹과 낭트, 캐나다 의 몬트리올, 미국 워싱턴 주의 유진, 호주의 스토닝턴 등이 이러한 도시 권리 혹은 도시 인권 헌장 운동을 선도하고 있 는 도시들이다. 이 도시들은 자기 도시 내에서뿐만 아니라 비슷한 생각을 가진 도시들을 서로 연결하는 네트워크를 만 들어 그 취지를 널리 확산하기 위한 상호 학습 및 도시 간 협 력 증진에도 노력을 기울이고 있다.[75]

　개별 도시 차원에서 도시에 대한 권리 헌장을 제정한 가 장 대표적인 곳이 캐나다 몬트리올이다.[76] 〈몬트리올 권리와 책임 헌장The Montréal Charter of Rights and Responsibilities〉은 몬 트리올의 시민 사회와 도시 행정부가 서로 협력하여 제정했 다는 점에서 민관 협력의 대표적 모범 사례가 되었다. 이 헌 장은 2002년부터 준비에 들어가 2005년에 시의회의 승인을 받았고 2006년에 발효되었다. 헌장의 제1조는 "도시는 삶의 공간이며 인간의 존엄성, 관용, 평화, 포용, 평등의 가치가 도 시 안의 모든 시민들 사이에서 증진되어야 한다"라고 규정 하고 있다. 또 이 헌장은 도시는 시민들에게 서비스를 제공 하고 시민은 공공 생활에서 책임 있는 역할을 다해야 한다는 상호 의무를 명시하고 있다. 즉 시민들의 권리와 책임을 동 시에 언급하고 있는 것이다. 또한 이 헌장에는 시민들의 경제, 사회, 문화, 여가 생활 향상을 위한, 그리고 더 나은 환경과 지속 가능한 발전, 안전, 도시 서비스의 제공을 위한 구체적인 실행 약속이 명시되어 있다. 특히 주목할 만한 것은, 제30조에서 '시민'을 도시 행정 구역 안에서 살아가는 모든 사람이라고 규정하고 있다는 점이다. 즉 몬트리올에 거주하는 모든 사람이 몬트리올 시민 자격을 갖추고 있는 것이며, 여기서 시민은 국적과는 무관하다. 이는 르페브르가 강조한 도시 거주자citadin와 같은 의미라고 볼 수 있다.

한편 개별 도시 차원을 넘어 여러 도시들이 공동으로 도시에서의 인권 보장을 다짐하는 헌장을 제정하기도 했다. 가장 대표적인 것이 유럽연합 차원에서 진행된 〈도시에서의 인권 보호를 위한 유럽 헌장The European Charter for the Safeguarding of Human Rights in the City〉이다. 이 헌장은 바르셀로나 시가 주관한 1998년 유엔인권선언 50주년 기념 회의에서 처음 발의되었다. 그리고 이에 관심 있는 도시들과 시민 단체, 전문가들이 모여 준비 작업을 한 끝에 2000년 최종 확정되었고, 현재 유럽의 350개 이상 도시들이 이를 비준하였다. 이 헌장의 주요 내용은 1948년의 유엔인권선언 및 1950년의 유럽 인권협약The European Convention on Human Rights에 근거한 것으로, 특히 인권 보호와 관련해 도시가 수행해야 할 역할을 강조하고 있다. 이 헌장의 제1조는 '도시에 대한 권리'를 다음과 같이 정의한다.

1. 도시는 그 안에서 살고 있는 모든 사람들에게 속한 집합적 공간이다. 도시 거주자들은 자신들의 정치적·사회적·생태적 발전을 위한 권리를 갖는 동시에 연대의 의무가 있다.
2. 도시 정부는 가능한 모든 수단을 통해 도시 거주자 모두의 존엄성과 삶의 질을 존중해야 한다.

이 헌장은 아래와 같이 크게 다섯 부분으로 구성되어 있다.[77]

제1장 일반 조항

제1조 도시에 대한 권리

제2조 권리의 평등과 차별 금지 원칙

제3조 문화, 언어, 종교 자유에 대한 권리

제4조 가장 취약한 집단 및 시민의 보호

제5조 연대의 의무

제6조 국제적 도시 협력

제7조 보충성의 원칙

제2장 도시에서의 시민적·정치적 권리

제8조 정치적 참여의 권리

제9조 결사, 집회, 시위의 권리

제26조 도시 정책

제27조 예방 수단

제28조 조세와 예산 기제

최종 조항

헌장의 법적 의의와 적용을 위한 기제

한편, 전 세계 차원에서 도시 권리 헌장을 만들려는 노력이 현재 두 군데서 동시에 진행되고 있다.[78] 이 두 움직임 모두 1948년 제정된 유엔인권선언의 내용을 도시적 맥락에서 확대하려는 운동의 일환이다.

그중 하나는 가칭 〈도시에 대한 권리 세계 헌장The World Charter of the Right to the City〉을 제정하려는 운동인데, 이는 자국에서 도시법을 제정하는 데 크게 공헌한 브라질의 시민 단체들이 전 세계를 대상으로 제안하면서 시작되었다. 〈도시에 대한 권리 세계 헌장〉은 지금까지의 권리 선언이나 협약 제정도 중요한 의의를 지니고 있지만 그것만으로는 충분하지 못하다는 문제의식에서 시작됐다. 따라서 브라질의 도시법처럼 도시권의 내용을 보장하는 효과적인 법적 수단을 세계적 차원에서 확립하자는 것이 이 헌장의 목표다. 또한 이 헌장은 도시에서 인정된 기존의 인권을 지키는 것뿐만 아니라 도시에 대한 권리, 즉 지속 가능성, 민주주의, 평등, 사회

정의의 원칙 아래 도시의 평등한 '이용권usufruct'[79]으로 정의
되는 새로운 권리를 요구한다.[80] 이러한 권리는 지역·국가·
세계 수준에서의 법적 권리이자 집합적 권리여야 하며, 이를
법정에서 방어할 수 있도록 '법률 제소권locus standi'이 주어
져야 한다. 이것이야말로 사회 정의의 촉진, 진정한 민주 질
서 강화를 위한 필수불가결한 조건이기 때문이다.[81] 다음은
2000년대 초 여러 차례 국제회의를 거쳐 준비된 〈도시에 대
한 권리 세계 헌장〉 초안의 일부이다.[82]

제1장 일반 조항

제1조 도시에 대한 권리

① 모든 사람은 성별, 나이, 건강 상태, 소득, 국적, 인종, 이주자 상태,
그리고 정치적·종교적·성性적 취향 때문에 차별받지 않으며, 이 헌장에
서 규정된 원칙과 규범에 따라 문화적 기억과 정체성을 보전할 수 있는
도시에 대한 권리를 가진다.

② 도시에 대한 권리는 지속 가능성, 민주주의, 평등, 사회 정의의 원칙
아래 도시에 대한 평등한 이용권usufruct으로 정의된다. 도시에 대한 권
리는 도시 거주자들, 특히 취약하고 주변적인 집단들의 집합적 권리이
다. (중략) 따라서 도시에 대한 권리는 발전에 대한 권리, 건강한 환경에
대한 권리, 자연 자원의 향유와 보전에 대한 권리, 도시 계획과 관리에
참여할 권리, 역사적·문화적 유산에 대한 권리를 포함한다.

③ 도시는 거주자 모두에게 속하는 문화적으로 풍요롭고 다채로운 집합

적 공간이다.

④ 이 헌장의 효과와 관련해 도시 개념의 의미는 이중적이다. 물리적 특성 측면에서, 도시는 제도적으로 지방 정부로 조직된 모든 대·중·소도시를 의미한다. 이때 도시는 도시화된 공간뿐만 아니라 이를 둘러싸고 있는 도시 행정 구역의 농촌 지역 및 준농촌 지역을 포함한다. 공공 공간 측면에서, 도시는 모든 제도들과 함께 그 제도들의 관리에 개입하는 주체들을 포함한다. 즉 행정부, 입법부, 사법부, 제도화된 사회참여집단, 사회운동조직, 지역 사회 일반을 포함한다.

앞의 움직임이 시민단체와 학계, 전문가들이 주도하고 있고, 그 목표와 결과가 도시에 대한 권리의 세계 헌장 제정이라고 한다면, 또 다른 움직임은 이미 도시 권리에 대한 상당한 의식을 가진 진보적 성향의 도시들의 시장市長 연합체가 주도한 〈도시에서의 인권을 위한 지구 헌장-의제Global Charter-Agenda for Human Rights in the City〉 제정이다. 이 헌장-의제 제정의 목적은 도시 차원에서 인권을 보장하는 포용적 도시 정책들을 개발하기 위해 전 세계 도시들이 함께 협력하는 틀을 만드는 것이다. 이 지구 헌장-의제를 주도한 도시들은 유럽의 도시들이다. 앞서 언급한 것처럼 유엔인권선언 50주년 기념 회의가 1998년 바르셀로나에서 열린 이후, 2년을 주기로 인권을 위한 유럽 도시 회의European conference cities for human rights가 지속적으로 개최되고 있는데, 2008년 제네

바 회의에서 '도시에서 인권 보호를 위한 유럽 헌장'을 전 세계 도시 차원으로 확대하기로 결의하면서 「도시에서 인권을 위한 지구 헌장—의제」 준비가 시작되었다. 도시들의 세계적 연합 기구인 세계 지방자치단체 연합(United Cities and Local Governments: 약칭 UCLG)이 주도하여 몇 년 동안 논의를 거쳐 내용을 다듬은 이 헌장—의제는 2011년 12월 최종 채택되었다. 여기에는 목적, 적용 범위, 가치와 원칙, 그리고 지방정부가 보장해야 할 12가지 권리와 그 구체적 이행을 위한 장단기 행동 계획이 제안되어 있다. 이 중에서 첫 번째 권리가 바로 도시에 대한 권리이다. 이 헌장-의제의 핵심 내용은 다음과 같다.[83]

도시에서 인권을 위한 지구 헌장-의제(2011년 채택 내용)

전문
일반 조항
  A. 목적
  B. 적용 범위
  C. 가치와 원칙
    1. 최우선 가치인 모든 인간의 존엄성
    2. 자유, 평등(특히 남녀 평등), 차별금지, 차이의 인정, 정의, 사회적 포용
    3. 도시 정책에 있어서 민주주의와 시민 참여
    4. 인권의 보편성, 불가분성, 상호의존성
    5. 사회적·환경적 지속가능성

6. 전 세계 모든 도시들 및 각 도시의 모든 구성원들과 협력 및 연대

7. 도시들과 그 곳의 거주자들이 능력과 수단에 맞는 책임을 공유

권리와 의무 의제 (각 권리를 보장하기 위해 단기·중기 행동계획 제안)

1. 도시에 대한 권리

2. 참여 민주주의에 대한 권리

3. 도시에서 공공 평화와 안전에 대한 권리

4. 여성과 남성의 평등권

5. 아동의 권리

6. 접근가능한 공공 서비스에 대한 권리

7. 양심, 종교, 견해, 정보의 자유

8. 평화로운 집회 및 결사, 노조 설립의 자유

9. 문화적 권리

10. 주택과 거주에 대한 권리

11. 깨끗한 물과 식량에 대한 권리

12. 지속가능한 도시 발전에 대한 권리

최종 조항

A. 개별 도시에서 이 헌장–의제의 채택과 집행 방법

B. 적용 방법

C. 국제적 차원의 인권 증진에 있어서 도시의 역할

앞서 언급한 〈도시에 대한 권리 세계 헌장〉이 '도시에 대한 권리'를 강조한다면, 〈도시에서의 인권을 위한 지구 헌장–의제〉는 도시에 대한 권리를 언급하고 있기는 하지만 기본적으로 '도시에서의 인권'을 강조한다. 이 두 강조점은 비

슷한 것 같지만 약간 차이가 있다.[84]

'도시에서의 인권'을 강조하는 경우, 지금까지 인권 보장의 책임을 맡았던 쪽은 국민국가였지만 이제는 도시가, 즉 지방 정부나 도시 정부가 인권 보장에 중요한 역할을 해야 한다는 것을 강조하게 된다. 한편 '도시에 대한 권리'를 강조하는 경우, 보편적 인권의 개념이 지금보다 더 확장되어야 한다는 것을 강조하게 된다. 즉, 이 경우에는 도시에 대한 권리, 다시 말해 도시가 주는 혜택을 누리고, 도시 행정과 도시 정치에 적극 참여하고, 도시를 만들고 생산할 권리도 인간의 보편적 권리로 인정되어야 한다는 점을 강조하게 된다.

이 밖에 인권과 관련된 국제 헌장으로 2006년 유럽연합에 속한 각국 지방 정부 차원에서 여성 차별을 시정하고 남성과 여성의 평등을 이룰 목적으로 만들어진 〈지역 생활에서 여성과 남성의 평등을 위한 유럽 헌장The European Charter for Equality of Women and Men in Local Life〉이 있다. 또 1990년 바르셀로나에서 처음 논의가 시작돼 1994년에 제정된 〈교육 도시 헌장Charter of Educating Cities〉은 도시 거주자들의 삶의 질을 향상시키기 위해서 교육 및 여가 활동을 증진하고 문화적 다양성과 도시들 간의 상호 학습을 촉진하는 내용을 담고 있으며, 현재 전 세계의 많은 도시들이 이 헌장에 가입해 있다.

우리나라에서 도시 단위의 인권 정책에서 가장 앞서 나가고 있는 도시는 광주광역시다. 1980년 광주민주화운동의 상처를 간직한 광주는 국내는 물론 세계적인 인권 도시로 명성이 높다. 2007년 우리나라 지방정부 최초로 인권 기본 조례를 제정했고, 2011년부터 매년 전세계 인권활동가, 전문가, 인권 도시 관계자들이 참여하는 세계인권도시포럼을 개최하고 있다. 2011년에는 '광주 인권도시 선언'을, 2012년에는 '광주 인권 헌장'을 선포하였고, 도시와 지방정부 단위 인권 정책의 중요성을 유엔에 제안하는 등 인권을 지향하는 전 세계 도시들의 네트워크를 주도하는 역할을 하고 있다. 대표적으로 광주시가 주도하고 한국 정부가 지원하여 2013년 유엔 인권이사회 24차 회의에서 '지방정부와 인권' 결의안이 채택되기도 했다. 이 유엔 결의안은 국가, 즉 중앙정부의 역할과 책무 중심으로 논의되던 기존의 인권 논의에서, 지방정부의 역할과 책무도 중요하다는 점을 유엔에서 최초로 공식 승인한 결의라는 데 의의가 있다.[85]

4. 2005년 유엔의 도시에 대한 권리 프로젝트 착수

2005년, 유엔 산하 기관인 유네스코와 유엔-해비타트가 공동으로 도시에 대한 권리 개념에 입각한 도시 정책들을 소개, 보급하는 프로젝트에 착수했다. 이 프로젝트는 도시에 대한 권리에 대해 이론적으로 검토하는 동시에, 현재 각 도시나 국가에서 도시 권리와 관련된 제도나 경험, 그리고 도시 권리를 강화하는 데 도움이 되는 도구나 수단을 광범위하게 수집하고 이 가운데 우수 사례를 선정해 널리 보급하는 것을 주요 내용으로 하고 있다.[86]

이 프로젝트의 핵심은 지금까지 국가 차원의 논의 주제였던 인권을 도시 차원에서 바라보려 하는 것이다. 이를 위해 지금까지 추상적인 차원에서 논의되었던 '도시에 대한 권리'를 현실에서 실현시키는 방법을 찾으려고 한다. 즉, 도시에 대한 권리를 실현하기 위해서는 도시 생활의 어떤 측면을 강조해야 하고, 누구의 권리를 강조해야 하는지 등을 보다 구체화하려 하는 것이다. 현재 이 프로젝트는 도시에 대한 권리를 구체화하기 위한 핵심 주제로 다음 네 가지를 중점적으로 다루고 있다.[87]

첫째, 지방 민주주의와 도시 거버넌스이다. 좋은 도시 거버넌스는 도시의 가난한 사람들에게 매우 중요하다. 도시 정부가 가난한 사람들을 지원함으로써 빈곤과 불평등을 줄일 수 있지만, 억압적 정책과 부패 행위로 빈곤을 심화시키는 경우도 많기 때문이다. 도시 정부가 주민 및 시민사회단체들의 적극적 참여 속에서 효율성과 형평성, 투명성의 원칙에 입각해 운영된다면 빈곤 감소 및 주민 생활의 질 향상에 큰 도움이 될 수 있다.

둘째, 도시에서 배제되고 소외받는 집단에 대한 사회적 포용이다. 도시에서 주변적 취급을 받는 집단들을 사회적으로 포용하고 이들을 품위 있고 당당한 존재로 인정하자는 것으로, 특히 여성, 외국인 이주자, 노동자 계층 같은 사회적 약자에 대한 사회적 포용을 강조한다.

셋째, 도시의 문화적 다양성과 종교적 자유이다. 이를 위해서는 반인종주의, 종교적 자유, 서로 다른 종교를 가진 사람끼리의 공존이 필요하다. 종교는 도시에서 갈등을 유발하기도 하지만, 한편으로는 약자들에게 사회적 네트워크를 제공하고 자원봉사활동의 촉매제가 되기도 한다. 중요한 것은 도시 내에서 서로 다른 종교 집단과 이들의 문화, 가치가 공존할 수 있도록 상호 이해의 폭을 넓히는 것이다.

넷째, 값싸고 쾌적한 도시 서비스에 대한 권리이다. 사실 자유와 선택을 누리기 위해서는 최소한의 도시 서비스가 충족되어야 한다. 가장 대표적인 기본적 도시 서비스가 깨끗한 물 공급이다. 그런데 최근 많은 도시에서 물 공급의 민영화가 진행되고 있다. 이러한 민영화로 인하여 경제적으로 지불 능력이 없는 빈민들은 물조차 제대로 공급받지 못하는 위험을 겪을 수 있다. 따라서 물, 전기, 취사 연료 등 생존과 직결된 기본적 도시 서비스는 경제적 지불 능력과 무관하게 공급될 필요가 있다.

이와 같이 유엔 산하 기구나 서구 선진국의 도시에서 진행되고 있는 '도시에 대한 권리'와 관련된 실천 내용은 보다 정의롭고 포용적인 도시를 만드는 데 초점을 맞추고 있다. 즉 자본주의 체제 자체를 부정하기보다, 이를 인정하면서 그 속에서 가능한 개혁을 추진하려 하는 것이다. 따라서 이런 유형의 실천 운동은 자본주의 자체에 도전하는 르페브르의 도시에 대한 권리 개념을 보다 온건한 형태로 해석하고 있다. 이 같은 온건한 해석을 대표하는 것이 유엔 산하 기관인 유네스코와 유엔-해비타트의 입장이다. 유엔-해비타트는 도시에 대한 권리 개념이 급진적 패러다임이라는 것을 명시적으로 언급하고 있지만, 구체적 내용 면에서는 현실 자본주의 사회에서 받아들일 수 있는 온건한 수준을 취하고 있다. 유네스코와 유엔-해비타트의 도시에 대한 권리 해석은 다음의 다섯 가지로 정리될 수 있다.[88]

첫째, '도시에 대한 권리'는 '도시에서의 권리'와 다르다는 것이다. 이것은 특정한 권리를 부여하는 것이 아니다. 이것은 모든 거주자——여성이건 남성이건, 기존 거주자이건 신규 이주자이건——와 지역 사회가 도시 생활의 혜택에 자유롭게 접근할 수 있게 하는 것이다. 또한 도시에 대한 권리는 도시 거주자들의 책임성도 동시에 부여한다.

둘째, 도시 행정의 투명성·형평성·효율성이 중요하다는 것이다. 도시 정부는 도시 빈곤과 배제의 문제를 다루는 중요한 역할을 한다. 도시에 대한 권리는 도시 정부와 주민 사이에 체결된 계약에서 비롯된다. 이 계약의 내용은 정부가 효율적이고 평등한 서비스 공급과 자원 할당을——특히 노약자, 장애인, 이주자 같은 사람들을 위해서——보장한다는 것이다.

셋째, 도시에 대한 권리의 핵심은 지역의 민주적 의사 결정에 대한 참여 및 존중이라는 것이다. 도시 정부는 시민들에게 무엇이 필요한지 확인하기 위해 참여를 통한 대화를 촉진하고 시민들에게 권능을 부여할 의무가 있다.

넷째, 경제·사회·문화적 생활의 다양성에 대한 인식이 중요하다는 것이다. 도시는 문화의 중심지이고 도시에 대한 권리는 경제 및 사회생활의 다양성을 포괄한다. 오늘날 다문화 도시에서는 문화적·언어적·종교적 차이가 인정되어야 하고 이에 대한 지식과 학습이 증진되어야 한다.

다섯째, 빈곤, 사회적 배제, 도시 폭력을 줄이는 것이 중요하다는 것이다. 도시에 대한 권리는 빈곤 완화 및 도시 빈민들의 안전을 보장하려는 노력을 포괄한다. 무허가 정착촌에서 주거권을 보호하는 것, 도시의 공적·사적 공간의 사회적 가치를 인식하는 것, 거리에서의 안전을 보장하는 것 등이 인권 증진에 필요한 것들이다.

끝으로, 이러한 도시에 대한 권리의 패러다임은 서로 상이한 국가적·정치적·문화적 맥락에 따라 다르게 해석될 수 있지만 근본적인 철학은 같다. 그 철학은 모든 도시 거주자들이 도시 생활의 완전한 기회에 접근할 수 있도록 한다는 것이다.

5. 2010년 세계도시포럼—도시에 대한 권리

세계도시포럼The World Urban Forum은 유엔 산하 기구인 유엔-해비타트 주관으로 세계적 차원에서 도시 문제들을 다루기 위해 2002년에 출범했다. 그리고 이후 2년에 한 번씩 열리면서 도시와 관련된 범지구적 핵심 과제들을 특별 주제로 선정해 집중적으로 다루어왔다. 2010년 3월 브라질 리우데자네이루에서 열린 다섯 번째 세계도시포럼의 특별 주제는 바로 '도시에 대한 권리—도시 내부 분단 극복하기'였다.

2010년 세계도시포럼은 도시에 대한 권리를 구체화해 도시 내부 분단을 극복해보고자, 다음과 같은 여섯 가지 소주제를 가지고 집중적으로 토론했다. ① 도시에 대한 권리 확보하기, ② 도시 내부의 불평등 줄이기, ③ 주택과 기초적 도시 서비스에 대한 균등한 접근 보장하기, ④ 도시의 문화적 다양성 증진하기, ⑤ 올바른 도시 거버넌스와 주민 참여 확대하기, ⑥ 포용적이고 지속 가능한── 경제적·사회적·환경적 지속 가능성── 도시화를 통한 도시에 대한 권리 지원하기.[89]

한편 2010년 세계도시포럼을 앞두고 유엔-해비타트가 발행한 간행물에 수록된 콜롬비아 전임 보고타 시장의 경험담은, 그가 도시에서 평등을 달성하기 위해 시도한 여러 가지 활동의 성과와 과제를 구체적으로 소개한 것으로 경청할 만하다. 다소 길지만 그 내용 중 일부를 소개하면 다음과 같다.[90]

오늘날 개발도상국의 도시에는 마르크스가 자본가와 노동자 사이에 있을 것으로 예견했던 갈등이 아닌 다른 계급 갈등이 있다. 그중 하나는 차량을 소유한 중산층과 그렇지 못한 저소득층 사이의 갈등이다. 이 갈등은 공공 자금과 도로 공간을 둘러싼 갈등이다. 중산층은 더 크고 더 좋은 도로를 원한다. 이러한 투자는 저소득층 시민들에게 필요한 것——주택, 상하수도, 공원, 학교, 병원 등——에 사용할 공공 자금을 빨아들인다. 또한 보행자, 자전거, 대중교통, 자동차 사이에 도로 공간 배분을 둘러싼 분쟁을 일으킨다.

보고타의 경우 다른 개발도상국처럼 고소득 시민들은 사적 공간에서 산다. 그들은 주거지와 직장, 쇼핑몰과 클럽 사이를 자동차로 오가며, 도시의 거리를 걷지 않는다. 따라서 그들은 도시의 공원이나 공립 학교에는 관심이 없다.

민간 영역과는 달리 공공 투자에서는 좋은 선택을 평가하기가 쉽지 않다. 민간 사업 영역에서 좋은 프로젝트는 판별하기 쉽다. 좋은 프로젝트는 수익률이 높은 것이다. 10퍼센트 수익률보다 15퍼센트 수익률이 더 좋다. 반대로 공공 영역에서는 모든 프로젝트가 다 좋은 프로젝트다. 경찰서건, 도로건, 학교건, 공원이건 모두 다 측정하기 어려운 편익을 제공한다. 따라서 대안적 공공 투자들 가운데서 선택할 때 주요한 고려 사항은 가난한 시민들에게 얼마나 공정한가 하는 것이다.

정부는 많은 역할을 한다. 하지만 민주주의의 근본 중 하나는 평등을 이루는 것이다. 시민들은 포용과 평등이 공공 당국의 근본적인 목적임을 인식해야 한다.

1998년 내가 처음 보고타 시장이 되었을 때, 세계적 컨설턴트들은 수억 달러를 고속도로에 투자하라고 권고했다. 하지만 나는 차량 이용과 차량 주차를 억제하는 정책을 폈다. 그리고 3억 달러를 버스 환승 시스템에 투자했고 이것은 지금도 계속 확충되어 하루에 160만 명이 이 시스템을 이용하게 되었다. 또한 나는 어린이들의 보육과 공공 도서관, 학교에 투자해 고소득 시민이 이용하는 것과 같은 수준으로 만들고자 했다.

도시에서의 공공 자본 투자를 결정하는 데 저소득 집단이 참여해야만 한다. 하지만 개발도상국의 도시에서 가난하고 취약한 계층은 생존하기에 너무 바빠 정부의 의사 결정에 참여할 수가 없다. 따라서 저소득층 시민들의 참여가 촉진되어야 하며, 이들을 대변하는 것이 정부의 역할이다.

시장 경제에서 소득의 평등을 달성하는 것은 불가능하다. 그러나 삶의 질에서의 평등을 위해 노력하는 것은 현실적으로 가능하다. 특히 어린이들의 삶의 질의 평등이 중요하다. 예를 들어, 모든 어린이들이 공원,

스포츠 시설, 음악 교육, 좋은 학교에 접근할 수 있어야 한다. 저소득 지역의 질 좋은 학교나 도서관은 어린이들에게 교육이 중요하다는 사실을 알려주는 상징이 된다. 가난한 지역의 아름다운 공공건물은 이 지역의 정체성 확립과 자기 존중을 강화한다.

제3세계 도시에서 공원 역시 중요한 투자 대상이다. 불평등은 여가 시간에 더욱 심하게 체감된다. 작업장에서는 고소득층이나 저소득층이 다 함께 불만을 느끼기도 하고 만족을 느끼기도 한다. 하지만 일터를 떠난 뒤에는 고소득층은 크고 안락한 집, 골프장, 고급 레스토랑, 휴가, 문화 활동을 즐긴다. 저소득층과 어린이들은 좁은 집으로 가 텔레비전을 보는 것 외에 여가 시간을 보낼 방법이 없다. 그들의 유일한 대안은 공공 보행 공간이다. 따라서 적어도 민주 사회에서는 인도, 공원, 스포츠 시설 같은 질 높은 공공 보행 공간은 시민들에게 반드시 제공되어야 한다. 좋은 도시라면 필히 큼직한 공공 공간이 있어야 한다. 그리고 그 공간은 고소득층 시민도 그곳을 찾을 만큼 질 높은 곳이어야 한다. 미래에는 녹색 공간에 대한 접근성이 포용·배제를 결정하는 가장 중요한 요소가 될 것이다.

많은 나라에서 행정 구역 설정이 평등하지 못하다. 도시가 작은 행정 구역들로 분절되어 있으면 불평등이 생겨나게 된다. 한 도시 내의 부자 동네에서 가난한 동네로 자금이 이전되지 못하게 되기 때문이다. 또한 도시 행정의 관료주의와 비효율도 따른다. 미국의 경우 각 도시의 행정 구역마다 교사 월급이 달라서 교육 불평등의 원인이 된다. 1954년 보고타의 7개 행정 구역이 합병했는데, 이는 도시 환경이 훨씬 더 평등해지는 결과를 가져왔다.

또 공공의 선과 다수의 이익을 우선하되, 아직 태어나지 않은 미래 세대의 이익을 보장해야 한다. 예를 들어, 도시 주변 농촌 지역의 토지를 미리 확보하는 것이 중요하다. 나는 시장 재임 기간 동안 수백만 달러를 들여 저소득층 주택 및 공원을 위한 토지를 확보했다. 하지만 이런 계획은 더 확대되어야 하고 국가의 영역이 되어야 한다.

6. 세계 여러 도시에서 진행된 "점령하라" 운동

2011년 9월 17일 소수의 청년들이 미국 뉴욕의 금융 중심지 월스트리트Wall Street에서 "월스트리트를 점령하라Occupy Wall Street!"[91]는 구호를 외치며 시위를 벌이기 시작했다. 청년들은 월스트리트에 있는 작은 공원인 쥬코티Zuccati 공원에 텐트를 치고 노숙하면서 월스트리트에 있는 금융기업들을 비난하는 성명을 발표하고 거리 시위를 벌였는데, 마치 이를 기다렸다는 듯 많은 사람들이 여기에 동참하면서 시위 규모가 확대되었다. 이들이 점거한 월스트리트는 세계적 금융자본을 상징하는 장소이다. 월스트리트에서 촉발된 "점령하라" 운동은 곧이어 미국의 주요 도시로, 그리고 전 세계의 도시로 퍼져나갔다.

"점령하라" 운동이 빠르게 확산 전파된 이유는 이 운동의 대표 구호 "우리가 99%다"에서 잘 설명된다. 1%로 상징되는 극소수 기득권 계층이 부를 독점하는 불평등한 현실에 대해 99%로 상징되는 다수의 불만이 표출된 것이다. 세계 각지의 도시에서 시위대들은 그 도시의 상징 공간을 점령하고 시위를 조직했다. 각 도시에서 시위 참여자의 구성과 조직 방식, 목표와 주장은 각기 달랐지만, 점점 악화되는 현실을 더 이상 참을 수 없다는 외침은 공통적이었다. 미국 수도 워싱턴에서는 "워싱턴을 점령하라", 우리나라에서는 "서울을 점령하라", "여의도(우리나라 금융의 중심지)를 점령하라" 운동이 전개되었다.[92]

전 세계 여러 도시에서 벌어진 점령하라 운동에 참여한 시위대들이 직접적으로 도시에 대한 권리를 구호로 외친 적은 거의 없었다. 그렇지만 점령하라 운동은 도시에 대한 권리 운동과 지향하는 바를 상당 부분 공유한다. 특히 다음 두 가지 점을 공유하고 있다.

첫째, 전 세계에서 벌어진 점령하라 운동을 통하여 그동안 불평등한 경제 사회 구조 속에서 소외되었던, 그러나 하나의 단일 집단으로 조직되지 못했던 다수의 '외침'과 '요구'가 자유롭게 분출되었다. 점령운동에 참여하기 위해 모인 사람들의 생각과 주장이 하나로 일치하지는 않았지만, 이들은 거리와 광장에 모여 함께 토론하면서 경제, 사회, 정치의 문제점에 대한 서로의 생각을 공유해 나갔다. 이러한 과정은 도시에 대한 권리 운동에서 도시의 새로운 변혁을 위한 사람들의 '외침'과 '요구', 그리고 직접 참여를 강조하는 것과 일맥상통한다.

둘째, 점령하라 운동은 도시의 중심부 공간이나 상징 공간을 물리적으로 점령하는 운동이었다. 르페브르는 도시에 대한 권리를 설명하면서 도시 중심성, 도심의 회복을 강조했다. 점령운동이 진행되면서 도시 중심부 공간은 사람들이 자유롭게 자신들의 주장을 외치는 참여의 장소, 저항의 장소, 직접 민주주의의 장소로써 그 장소의 공공성이 다시금 부각되었다.[93]

제1장에서 거론했던 돈 미첼은 물리적으로 공간을 점령하는 것의 의미를 다음과 같이 설명한다.

공공 공간은 그곳에서 정치적 운동들이 눈에 보이게 (그리고 들리게) 해주는 영역을 주장할 수 있는 장소이다. (중략) 만약 도시에 대한 권리가 외침과 요구라고 한다면, 이는 오직 들릴 경우의 외침이며, 이런 외침과 요구가 보이는 공간이 있을 때에만 힘을 가지는 요구일 것이다. 공공 공간–거리의 모퉁이 또는 공원, 폭동과 시위가 벌어질 때의 거리–에서, 정치적 조직들은 많은 군중들에게 자신을 드러낼 수 있으며 이렇게 드러냄으로서 그들의 외침과 요청이 힘을 얻게 된다. 공적으로 공간을 주장함으로써, 공공 공간을 창출함으로써, 사회 집단 자신이 공적public으로 되는 것이다.[94]

하비는 월스트리트 점령운동 뿐만 아니라 세계 각지에서 그 이전과 이후에 벌어졌던 유사한 점령운동들의 의미를 다음과 같이 설명한다.

최근 우리가 카이로와 마드리드, 아테네, 바르셀로나, 그리고 심지어 위스콘신 주 메디슨의 중앙광장과 뉴욕시 주코티 공원에서 보았듯 중심성을 복원하겠다는 열망과 충동은 끊임없이 솟아나고 있으며, 정치적으로 광범위한 영향을 미치고 있다. 그렇게 하지 않으면, 어떤 방식으로 또 어디에서 우리의 집단적 절규와 요구를 명확히 표현할 수 있겠는가?[95]

도시에서 도시로 퍼져나가는 점령운동의 전술은 권력의 지렛대가 밀집한 장소 부근의 중심적인 공공 공간, 즉 공원과 광장을 빼앗아 거기에 눌러앉는 방법으로 공공 공간을 정치적 공유재로 바꾸는 중이다. 이 공간에서 권력은 무엇을 하는가. 권력의 영향력에 대항하는 최상의 방법은 무엇인가 등을 놓고 열린 논의와 토론이 벌어진다. (중략) 우리는 다른 모든 접근 수단이 차단당한 상황에서는 공공 공간에 사람이 모이는 것이 가장 효과적인 대항 수단이라는 것을 알 수 있다. 트위터와 페이스북에서 수다 떠는 것이 아니라 거리와 광장에 모여든 사람이 가장 중요하다.[96]

마뉴엘 카스텔은 공간을 점거하는 것이 다음 세 가지 이유에서 현대의 실천뿐 아니라 역사상 사회 변혁에서 중요한 역할을 했다고 본다.[97] 첫째, 사람들은 공동체를 건설하고 공동체는 함께하기를 기반으로 한다. 함께하기는 두려움을 극복하기 위한 기본적 심리 메커니즘이다. 둘째. 점거는 국가권력 혹은 금융기관의 거점을 점령함으로서 상징적인 힘을 얻는다. 셋째, 상징적인 장소에 자유로운 공동체를 건설함으로써, 사회운동은 공공 장소, 궁극적으로는 정치적 공간이 되는 장소를 만든다.

그런데 월스트리트 점령운동은 도시를 물리적으로 점령하기 이전에 이미 인터넷상에서 진행되고 있었다. 월스트리트를 점령하자는 제안이 처음 블로그에서 시작되어 페이스북과 트위터, 웹사이트, 해쉬테크#occupywallstreet 등을 통해 쉽게 확산된 것이다.[98]

마르크스주의 도시사회학자로 출발하여, 정보통신기술의 발전이 사회에 미치는 영향에 대해 많은 연구를 수행해 온 카스텔은 최근 사회운동에서 물리적 공간을 점거하는 것만큼이나, 운동의 점화와 확산을 가능하게 하는 인터넷 공간의 역할을 강조한다. 카스텔은 인터넷에서 시작하여 도심 공간을 점거함으로서 하나의 운동으로 발전하는 양상, 공식 지도부가 없지만 온라인과 오프라인이 결합된 수평적, 다중적 네트워크를 통해 서로 함께하면서 운동이 확산되는 양상이 월스트리트 점렴운동을 비롯하여 세계 각지에서 벌어지고 있는 최근 사회운동의 주요 특징이라고 분석한다. 카스텔이 보기에 사회운동의 장소는 물리적인 도심 공간과 사이버 공간이 상호작용으로 서로 연결된 일종의 혼종 공간hybrid space이다.[99] 다음은 카스텔이 월스트리트 점령운동에 대해 분석한 내용이다.

이 운동은 인터넷에서 생성되어 인터넷을 통해 확산되고 인터넷에서 존재를 이어나갔다. 그러나 동시에 운동의 물리적 형태는 공공장소 검거였다. 이 공간은 시위대들이 단합하고 차이를 넘어 공동체를 형성할 수 있는 유쾌한 공간이었다. 또한 불평등한 시스템에 이의를 제기하는 것에서 아래로부터 사회를 재건하는 것으로 움직이기 위해 토론하는 공간이었다. 간단히 말해, 자율적인 공간이었다. 자율적이 됨으로써 그들은 이념적·정치적 통제의 여러 형태를 극복하고, 개인적으로 그리고 집합적으로 새로운 삶의 방식을 찾는다. (중략)
점거운동은 주어진 영역에서의 장소적 공간과 인터넷상에서의 흐름적 공간이 혼재된 새로운 형태의 공간을 창조했다. (중략) 다함께 경찰과 대치하고, 일상의 편안함을 버린 채 비와 추위에 견디고, 경험과 위험, 어려움을 공유하면서 장소적 공간은 대면적 상호작용을 가능하게 했다. 한편 인터넷상에서의 사회적 네트워크는 전 세계로 운동을 확대하고, 연대와 토론, 그리고 전략적 계획의 상시적인 토론장을 만들면서 그 경험을 소통시키고 증폭시켰다.[100]

7. 2016년 유엔 해비타트 III 핵심 의제
   "모두를 위한 도시"

유엔 해비타트는 유엔 총회 결의에 따라 20년마다 열리는 국제회의로 1976년 캐나다 밴쿠버에서 오늘날 해비타트 I로 불리는 첫 회의가 개최되었고, 1996년 터키 이스탄불에서는 해비타트 II가 개최되었다. 1996년 해비타트 II에서는 적절한 주거에 대한 권리The Right to the adequate housing가 핵심 의제로 채택되었다. 이로부터 20년이 지난 2016년 해비타트 III이 에콰도르 수도 키토에서 열렸는데, 여기서 새로운 도시 의제New Urban Agenda로 "모두를 위한 도시Cities for All"가 채택되었다. 유엔 해비타트에서 채택된 새로운 도시 의제는 향후 유엔뿐만 아니라 세계 각국 도시정책의 준거가 된다. 해비타트 III의 의제를 준비하기 위해 해비타트 사무국은 2014년 준비위원회를 구성하고 전문가들과 함께 22개의 '쟁점 보고서Issue Papers'와 10개의 '정책 보고서 체계Policy Paper Frameworks', 10개의 '정책 보고서Policy Papers'를 만들어 제출하였다. 이 보고서들을 토대로 회원국들이 참여한 협의 과정을 거쳐 새로운 도시 의제 초안이 작성되었고 마지막 최종안이 도출되었다.[101]

해비타트 III 의제 준비 과정에서 전문가들이 중심이 되어 먼저 작성한 2015년 12월 정책 보고서 체계 1과, 이를 바탕으로 회원국과 관련 기관 및 단체들의 의견을 수렴하여 2016년 2월 전문가 회의를 통해 완성되어 발간한 정책 보고서 1에서는 도시에 대한 권리를 새로운 도시 의제의 핵심으로 삼았다.[102] 정책 보고서 체계 1과 정책 보고서 1은 새로운 도시 의제의 전체 기조를 무엇으로 할지를 다루는 보고서였는데, 두 개의 제목이 "도시에 대한 권리와 모두를 위한 도시"라는 데서 알 수 있듯이 "도시에 대한 권리"를 새로운 도시 의제의 핵심 기조와 원칙으로 삼아야 한다는 내용을 담고 있다. 이는 정책 보고서 체계 1의 첫 문장이 다음과 같이 시작하는 데서 잘 보여진다. "중심 개념: 새로운 도시 의제의 핵심인 도시에 대한 권리".[103] 이 뒤에 발간된 정책 보고서 1에서도 보고서 요약문 첫 문장에 다음과 같은 구절이 들어있다. "도시에 대한 권리는 도시 발전을 위한 새로운 패러다임으로 간주해야만 한다."[104]

　도시에 대한 권리를 지지하는 전문가들과 단체, NGO들도 도시에 대한 권리가 해비타트 III의 새로운 도시 의제로 채택되도록 외곽에서 힘을 기울였다. 다음의 표는 도시에 대한 권리를 지지하는 NGO와 전문가들로 구성된 〈도시에 대한 권리를 위한 국제 플랫폼〉[105]에서 도시에 대한 권리 개념의 이해와 확산을 위해 만든 설명 도식이다.

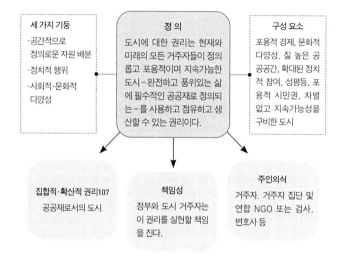

도시에 대한 권리 지형Matrix of the right to the city[106]

세 가지 기둥
·공간적으로 정의로운 자원 배분
·정치적 행위
·사회적·문화적 다양성

정 의
도시에 대한 권리는 현재와 미래의 모든 거주자들이 정의롭고 포용적이며 지속가능한 도시 — 완전하고 품위있는 삶에 필수적인 공공재로 정의되는 — 를 사용하고 점유하고 생산할 수 있는 권리이다.

구성 요소
포용적 경제, 문화적 다양성, 질 높은 공공공간, 확대된 정치적 참여, 성평등, 포용적 시민권, 차별없고 지속가능성을 구비한 도시

집합적·확산적 권리[107]
공공재로서의 도시

책임성
정부와 도시 거주자는 이 권리를 실현할 책임을 진다.

주인의식
거주자. 거주자 집단 및 연합 NGO 또는 검사, 변호사 등

하지만 도시에 대한 권리 개념은 유엔 회원국들 사이의 협의 과정을 거치면서 최종 문구에서 거의 사라진다. 브라질, 에콰도르 등 남미 국가들과 NGO, 전문가들이 함께 도시에 대한 권리가 새로운 도시 의제의 핵심 개념으로 채택되도록 노력했음에도 불구하고, 미국, 유럽연합, 일본, 러시아 등은 도시에 대한 권리의 의미가 모호하고 기존의 국제 사회에서 합의된 바 없으며, 새로운 도시 의제를 '권리'의 관점에서 접근하는 것이 바람직하지 못하다는 이유로 채택을 반대하였다. 많은 논란과 절충을 거쳐 초안이 만들어지고, 다시 논의

를 거쳐 최종 합의된 문구에는 미국 등의 주장이 대부분 관철되었다. 해비타트 III에서 최종 공표된 새로운 도시 의제에는 도시에 대한 권리 개념이 거의 형체도 없이 사라지고 전체 175개 조항 중 제11조 한 조항에서 간단히 언급되는 것에 그쳤다. 다음의 표는 해비타트 III의 의제 채택 과정에서 도시에 대한 권리 개념이 사라지는 과정을 보여준다.[108]

도시에 대한 권리 개념이 해비타트 III의 핵심 의제로 채택되는 데 실패하는 과정은 도시에 대한 권리 개념을 둘러싼 각국의 입장 차이와 함께 현실 국제 정치의 역학 관계를 반영하는 것으로 보인다. 가장 권위 있는 국제기구인 유엔에서 주관한 해비타트 III에서 도시에 대한 권리가 명시적으로 선언되지는 못했지만, 도시에 대한 권리 개념이 추구하는 가치와 지향하는 실천 방향이 "모두를 위한 도시"라는 해비타트 III의 비전과 원칙, 이에 수반되는 약속 및 실천 요청 등에 내용적으로 상당히 반영된 것은 또 하나의 성과라고 볼 수 있다.[109]

해비타트 Ⅲ 새로운 도시 의제 채택 과정에서 '도시에 대한 권리'의 축소 과정

발간 문건	도시의 대한 권리와 관련된 내용
정책 보고서 1 (2016년 2월 발간) *주요 부문만 발췌	1. 새로운 도시 의제를 준비하는 정책 보고서의 비전과 체계 A. 새로운 도시 의제의 핵심인 도시에 대한 권리 1.2. **도시에 대한 권리**는 도시와 도시화를 다시 생각하게 하는 대안적 체계를 제공하는 새로운 패러다임이다. **도시에 대한 권리**는 국제적으로 승인된 인권, 지속가능한 발전 목표SDGs: Sustainable Development Goals에 명시된 지속가능 발전 목표들, 해비타트 의제의 실행 책무들을 효과적으로 성취하는 것을 그 비전으로 한다. 모든 거주자들에게 품위 있고 완전한 삶을 보장하기 위해 분투하는 장소로서 도시를 이해하는 것이 새로운 도시 의제의 토대가 되며, (중략) **도시에 대한 권리**는 여기에 도움이 되는 새로운 차원을 열어준다. B. **도시에 대한 권리** 원칙과 접근 1.3. **도시에 대한 권리**는 기존의 국제 인권 조약, 규약, 협약에서 명시된 것처럼 모든 시민적·정치적·경제적·사회적·문화적·환경적 권리를 포괄한다. 1993년 비엔나 선언에 따라, **도시에 대한 권리**는 보편적이고 상호의존적이며 상호연관된 인권의 이행을 요구한다. 1.4. 국제적으로 인정된 인권에 기초하여, **도시에 대한 권리**는 도시 그 자체를 모두를 위한 인권 존중 및 보호를 실현하는 공유지commons로 간주한다. 그 권리들은 다음과 같다. 모든 거주자들의 시민권의 완전한 구현, 투명하고 책임 있는 정치 참여와 도시 관리, 일할 권리와 안정된 생계수단을 갖춘 포용적 경제, (이하 생략) C. **도시에 대한 권리** 정의하기 1.10. 따라서 **도시에 대한 권리**는 현재와 미래의 모든 거주자가 정의롭고 포용적이며 지속가능한 도시–삶의 질에 필수적인

공유재common good로 정의되는 도시—를 점유하고 이용하고 생산할 권리로 정의된다. 나아가 도시에 대한 권리는 정부와 주민들에게 이 권리를 주장하고 지키고 촉진하는 책임을 수반한다. 공유재로서 도시는 다음과 같은 구성 요소들을 포함한다.

(a) 성gender, 나이, 건강상태, 소득, 국적, 인종, 이주 여부, 정치적·종교적·성적 지향에 따른 차별이 없는 도시

(이하 생략)

D. **도시에 대한 권리** 기둥들

1.14. **도시에 대한 권리**는 상호의존적이며 상호교차cross-cutting하는 세 가지 기둥에 기반을 둔 구조를 가지고 있다. 새로운 도시 의제를 대변하는 새로운 패러다임이 어떤 것인지를 뒷받침해주는 것이 이 세 기둥이다. 각 기둥은 도시의 다양한 이슈와 우선순위들을 포괄하며, 다음과 같은 다섯 가지 상호교차하는 주제, 즉 도시공간전략, 도시거버넌스, 도시경제, 사회적 국면, 환경적 국면에 대한 토론을 위한 우산 역할을 한다.

도시에 대한 권리의 세 기둥은 다음과 같다.

도시에 대한 권리 = 공간적으로 정의로운 자원 배분 + 정치적 행위 + 사회적·경제적·문화적 다양성

기둥 1: 공간적으로 정의로운 자원 배분

(이하 생략)

기둥 2: 정치적 행위

(이하 생략)

기둥 3: 사회적·경제적·문화적 다양성

(이하 생략)

VI. 결론

84. **도시에 대한 권리**는 도시를 다시 생각하는 대안적 체계를 제공하며, 따라서 새로운 도시 의제의 요체가 되어야만 한다.

(이하 생략)

	85. "도시에 대한 권리"라는 용어는 어떤 언어로는 잘 번역되지만, 다른 언어로는 번역이 어렵다. 도시에 대한 권리는 모든 대도시, 중소도시, 소도시에 적용되며 주변 농촌 지역이나 근교 지역을 포함한다. (이하 생략)
초안zero draft110 (2016년 5월)	4. 우리는 일부 국가에서 **도시에 대한 권리**로 정의되며, 기존 권리들의 공유된 체계로 구성된, 모두를 위한 도시라는 개념을 실현하기 위하여, 그리고 현재와 미래 세대의 모든 거주자들이 정의롭고 포용적이며 지속 가능한 도시-높은 삶의 질을 누리는데 핵심적인 공유재로 존재하는 도시-에서 거주하고 이용하고 그런 도시를 만들 수 있도록 보장하기 위해 노력한다.
최종안 (2016년 10월)	11. 우리는 도시와 사람들의 거주지의 평등한 이용과 향유를 의미하는, 모두를 위한 도시라는 비전을 공유한다. 또한 현재 및 미래 세대의 모든 거주자가 포용성을 높이고, 어떤 종류의 차별도 없이, 모두를 위한 번영과 삶의 질을 향상할 수 있는 정의롭고 안전하며 건강하고 접근가능하며 부담가능하고 회복력을 갖춘 지속가능한 도시와 거주지를 만들고 그곳에서 거주할 수 있도록 보장하기 위해 노력한다. 우리는 "**도시에 대한 권리**"로 지칭되는 이러한 비전을 법률과 정치적 선언, 헌장에 명시한 일부 국가 및 지방정부의 노력에 주목한다.

출처: 박세훈, 〈해비타트 Ⅲ「새로운 도시 의제」의 성립배경과 의의〉
(공간과 사회 통권 58호, 2016), 28쪽 참조하여 수정 및 추가

8. 도시에 대한 권리—누구를 위한 어떤 권리인가

지금까지 도시에 대한 권리 개념의 구체화 과정을 살펴보았다. 그렇다면 최근 헌장이나 법률, 조례 등의 형태로 구체

화되고 있는 도시에 대한 권리는 누구를 위한 권리이며, 어떤 내용을 담고 있을까?

앞서 살펴보았듯이 도시에 대한 권리를 처음 주장한 르페브르는 '도시 거주자'를 강조했다. 즉, 도시 거주자는 국가 단위의 멤버십인 국적에 기초한 권리와 무관하게, 자신이 살고 있는 도시에 대한 권리를 가지고 있음을 의미한다.

여기서 한 걸음 더 나아가 르페브르는 도시 거주자뿐만 아니라 도시 이용자도 도시에 대한 권리를 가지고 있다고 주장했다. 최근 제안된 세계 헌장이나 유럽도시계획가협회 등에서도 통근자와 방문자처럼 이동성이 높고 임시적인 도시 이용자들 또한 도시의 계획, 관리, 의사 결정 과정에 참여할 권리를 가져야 한다고 주장하고 있다.[111]

이처럼 이론적·개념적 측면에서는 국적과 관계없이 도시 거주자, 도시 이용자들이 도시에 대한 권리를 가지고 있는 것으로 규정되지만, 최근 각 나라나 도시가 관련법이나 헌장을 통해 도시에 대한 권리를 강조하면서 실제로 겨냥하는 것은 도시에서 자신의 권리를 제대로 누리지 못하는 취약 계층을 보호하는 것이다. 즉 빈곤 계층, 노인과 장애인, 어린이와 청소년, 소수 인종, 이주 노동자와 난민, 도시 개발 과정에서 삶터에서 쫓겨난 철거민 등이 도시에 대한 권리 개념의 주요 관심 집단이 된다. 이러한 취약 계층은 과거 마르크스주의의 계급 개념에 국한되지 않으며, 오히려 르페브르가 강조한

'차이' 개념과 연관된다. 따라서 인종, 종교, 성별, 연령, 국적, 문화, 성적 취향 등의 차이로 인해 주류 사회에서 배제되는 개인과 집단들에 대한 권리가 도시에 대한 권리에 포함된다.

마쿠즈P. Marcuse는 르페브르가 도시에 대한 권리를 '외침과 요구'라고 개념화한 것에 착안해, 당면한 필요가 충족되지 못한 사람들, 남들이 누리는 법적인 권리를 박탈당한 사람들, 삶의 잠재력과 창조성이 제한되고 억압되어 희망을 잃게 된 사람들의 외침과 요구라고 해석한다.112

그렇다면 도시에 대한 권리에 포함되는 권리로는 어떤 것이 있는가? 도시에 대한 권리에서 가장 우선되는 것은 도시에서 쫓겨나지 않을 권리이다.113 큰 틀에서 보면 도시에 대한 권리는 다음 세 가지를 지향하는 권리이다.

첫째, 모든 도시 거주자들을 위해 도시의 잠재적 혜택에 대한 평등한 접근권을 확대하는 것이다. 둘째, 도시 수준의 의사 결정 과정에서 모든 도시 거주자들의 민주적 참여를 촉진하는 것이다. 셋째, 앞의 두 가지를 통해 도시 거주자들이 자신들의 근본적 자유와 권리를 완전히 누릴 수 있게 하는 것이다. 큰 방향은 이러하고 구체적 내용은 도시마다 달라지는데, 전반적으로 도시에 대한 권리의 맥락에서 강조되는 내용들은 다음과 같다.114

- **정치적 차원의 권리(자유권적 권리)**

 – 모든 도시 거주자들이 국적에 따라 차별받지 않을 권리

 – 도시 관리에 대한 민주적 참여

 – 집회, 결사, 표현에 대한 권리와 공공 공간의 민주적 이용

 – 공공 정보에 대한 접근

 – 공공과 민간 부문의 협력

- **사회적·문화적·환경적 차원의 권리(사회권적 권리)**

 – 도시 빈민들이 점유한 토지의 양성화

 – 물과 같은 필수 생존 자원에 대한 권리

 – 도시 거주자들의 집합적 쾌적성과 안전성

 – 환경적·사회적으로 균형 잡힌 도시 계획 및 지속 가능하고

   평등한 도시 개발

 – 적절하고 균형 잡힌 토지 이용 관리

 – 기타 노동, 건강, 교통, 교육, 문화, 여가, 공공 공간,

   공공 서비스에 대한 권리

제 3 장

도시에 대한
권리 주장의
유용성과
한계

'도시에 대한 권리' 개념을 구성하고 있는 핵심 요소는 문자 그대로 '도시'와 '권리'이다. 따라서 도시에 대한 권리 개념의 유용성을 판단하기 위해서는 권리 주장의 유용성과 함께, 권리 주장의 공간적 단위인 도시라는 단위의 유용성을 살펴봐야 할 것이다. 이 장에서는 우선 '권리' 주장의 유용성을, 그리고 이어서 '도시'라는 단위의 유용성을 살펴보고자 한다.

그런데 권리 개념은 선험적으로 주어진 것이거나 고정불변의 것이 아니라 역사적으로 투쟁을 통해 진화·발전해온 것이다. 따라서 이 장에서는 우선 인간의 가장 기본적 권리인 인권의 발전 역사에 대한 논의에서 출발해, 인권과 시민권의 관계, 최근의 세계화 시대에 국민국가 단위의 인권 보장 체계가 한계에 봉착하고 그 대신 도시 단위가 새로운 대안으로 부상해온 과정을 살펴보기로 한다. 덧붙여 도시에 대한 권리 주장에 제기되는 비판과 한계를 검토해본다.

1. 인권 발달의 역사

(1) 현대 인권 개념의 등장과 유엔인권선언

인권의 개념과 범주는 시대의 흐름과 사회 경제적 변화, 사회 운동의 노력에 힘입어 지속적으로 진화·발전해왔다. 서구에서 근대적 인권 개념의 출발로 간주되는 영국의 1215년 마그나 카르타, 17세기의 권리청원과 권리장전 등은 귀족이나 신흥 특권 계급이 자신들의 권리를 국왕으로부터 인정받은 것이지, 일반 민중들의 권리와 관련된 것은 아니었다. 그렇지만 이후 홉스, 로크, 볼테르, 루소 등 근대 계몽주의 사상가들이 모든 인간의 보편적 권리를 주장하기 시작하고 18세기에 미국 독립 전쟁과 프랑스 대혁명을 거치게 되면서 보편적 인권이 공식 선언되었다.

1776년 '미국 독립 선언문'은 모든 인간이 평등하게 태어났으며, 조물주가 부여한 양도할 수 없는 권리를 확보하기 위해 인간이 정부를 만들었다고 선언했다. 1789년 프랑스 대혁명 직후 선포된 '인간과 시민의 권리 선언'은 인간은 자유롭고 평등하게 태어났으며, 사상의 자유와 함께 자유, 소유권, 안전, 압제에 대한 저항의 권리를 가진다고 선언했다. 이같이 근대 시민 혁명을 통해 선언된 내용은 국왕이나 귀족이 지배하던 당시의 기준에서 볼 때는 매우 혁명적이고 진보적인 것이었다. 하지만 그렇다고 모든 사람이 인권의 실질적 수혜자가 된 것은 아니었다. 여성과 노예, 그리고 재산을 소유하지 못한 무산 계급은 당시의 인권 개념에서 실질적으로 배제되어 있었다.

산업 혁명으로 자본주의가 본격화되면서 노동 계급의 열악한 노동 조건과 생활 조건이 심각한 사회 문제로 대두되었고 사회주의 사상이 등장했다. 사회주의 사상의 전파와 노동 운동의 성과로 말미암아 노동 계급의 정치적·물질적 권리가 인정되기 시작했다. 또 영국의 차티스트 운동, 미국의 노예 해방, 프랑스 파리 코뮌의 경험, 여성 참정권 운동, 어린이 청소년 권리 운동 등 다양한 사회 운동과 투쟁의 결과, 재산을 보유한 소수의 성인 남성만이 아니라 모든 사람이 평등한 정치적·경제적 권리를 향유해야 한다는 의식이 점차 확산되었다.

하지만 인류 역사가 항상 인권의 확대·발전 방향으로만 전개된 것은 아니었고, 여러 번의 반동과 퇴보의 시기가 있었다. 20세기에 들어와 배타적 민족주의의 대두, 제국주의와 파시즘의 등장으로 인류는 두 차례의 세계대전이라는 참상을 겪었다. 제2차 세계대전이 끝나가면서, 전쟁과 같은 대규모 인권 침해를 제도적으로 예방하기 위해서는 세계 평화 체계 구축과 이를 담보하는 국제기구가 필요하다는 인식이 공유되었다. 이러한 취지에서 창설된 유엔은 인권 존중이 시대적·국제적 과제임을 선언했다. 1945년에 제정된 유엔헌장의

제1조는 국제 평화 및 안전과 함께 인종·성별·언어·종교에 따른 차별 없이 모든 사람의 인권 및 기본적 자유에 대한 존중을 촉진하고 장려하는 것을 유엔의 목적으로 명시했다. 그리고 1948년 12월 10일 유엔 총회에서는 모든 인류가 다 함께 달성해야 할 보편적 인권 기준으로 '세계인권선언'을 선포했다. 세계인권선언은 정치, 경제, 문화, 종교의 차이에도 불구하고 모든 인간과 모든 국가가 달성해야 할 공통의 인권 기준을 확립한 것으로서, 인권의 역사에서 하나의 이정표가 되었다.

(2) 사회권과 자유권

프랑스의 법학자 카렐 바삭Karel Vasak은 인권을 다음과 같이 3개의 세대로 분류한다. 제1세대 인권은 자유를 강조하는 시민적·정치적 권리이고, 제2세대 인권은 평등을 강조하는 경제적·사회적·문화적 권리이며, 제3세대 인권은 박애와 형제애를 강조하는 연대권이다. 제3세대 인권에는 환경권, 평화권, 인류 공동 유산에 대한 소유권 등이 포함된다.[115] 미셸린 이샤이Micheline Ishay의 해석을 부연한다면, 제1세대 권리는 계몽주의 시대에 쟁취한 시민적 자유 및 기타 자유권이고, 제2세대 권리는 산업혁명 시기에 쟁취한 정치적·사회적·경제적 평등을 상징하고, 제3세대 권리는 19세기 말과 20세기 초, 그리고 식민지 이후 고취됐던 공동체적 유대 또는 민족적 연대를 뜻한다. 세계인권선언의 각 조항에는 이 세대들의 권리가 순서대로 규정되어 있다. 간단히 요약하면, 제1세대 인권은 자유주의적 인권관을, 제2세대 인권은 사회주의적 인권관을, 제3세대 인권은 문화주의적 인권관 혹은 개발도상국 인권관을 담고 있다고 할 수 있다.[116]

세계인권선언의 제정 과정에서도 이러한 인권관의 차이로 인한 갈등이 있었다. 특히 경제적·사회적·문화적 권리(통칭 사회권)를 강조하는 사회주의권의 대표 소련과, 정치적·시민적 권리(통칭 자유권)를 강조하는 자본주의권의 대표 미국 사이의 입장 차이가 컸다.[117] 결국 협상과 타협 끝에 세계인권선언이 채택·공표되긴 했지만, 이 선언이 유엔 총회에서 표결에 부쳐졌을 때 당시 사회주의 국가 6개국은 사회권이 자유권에 비해 소홀하게 다루어졌고 선언의 내용이 개인주의적이며 파시즘에 대한 반대가 명시되지 않았다는 이유로 기권했다. 실제로 세계인권선언에는 자유권이 19개 조인 반면에 사회권은 6개 조에 불과하다.[118]

세계인권선언은 구속력이 없는 결의문이었지만 전 세계에 큰 영향을 미쳤고, 점차 국제 관습법의 지위를 획득했다. 그리고 더욱 구체적이고 국제법적 구속력이 있는 인권 조약을 제정하려는 유엔의 노력이 이어졌다. 20년 가까운 오랜 논쟁 끝에 1966년 유엔에서 국제법적 효력을 갖춘 인권에 관한 조약 두 개가 채택되었다. '시민적·정치적 권리에 관한 국제 조약(ICCPR)'(통칭 자유권 조약)과 '경제적·사회적·문화적 권리에 관한 국제 조약(ICESCR)'(통칭 사회권 조약)이 그것이다. 10년 후인 1976년부터 발효된 이 두 조약은 가입국들이 여기에 규정된 권리들을 자국에서 실현하는 데 필요한 조치를 취할 의무를 부과하고 있다. 우리나라는 1990년 사형제 폐지 같은 일부 선택 사항을 유보한 채 이 두 조약에 가입했다. 한편 유엔은 이 두 조약 외에도 세계인권선언을 모태로 '인종 차별 철폐 조약(ICERD)', '여성 차별 철폐 조약(CE-DAW)', '고문 방지 조약(CAT)', '아동 권리 조약(CRC)', '이주 노동자 권리 조약(MWC)' 등 국제적 인권 기준이 되는 다양한 조약들을 제정했다.[119]

이중 '경제적·사회적·문화적 권리에 관한 국제 조약'(사회권 조약)은 정당하고 쾌적한 환경에서 일할 권리, 사회적 보호를 받을 권리, 적절한 의식주를 갖춘 생활 수준을 누릴 권리, 가능한 한 최고의 신체적·정신적 건강을 유지할 권리, 교육받을 권리, 문화적 자유와 과학 진보의 혜택을 향유할 권리 등과 관련된 내용을 담고 있다.[120]

그런데 유엔은 사회권 조약에서 특히 주거에 관한 문제를 중시해 유엔 산하에 '인간 정주 센터The United Nations Centre for Human Settlements(Habitat)'를 설립하고, 1976년에 벤쿠버 제1차 세계주거회의(Habitat I)를, 1996년에 이스탄불 제2차 세계주거회의(Habitat II)를 개최했다. 유엔이 이러한 조직과 모임을 갖게 된 것은, 전 세계가 전례 없는 도시화를 경험하면서 도시 문제가 갈수록 심각해지고 있고, 무엇보다도 도시에 몰려든 수많은 가난한 사람들이 적절한 환경에서 살지 못하는 상황을 시정할 국제적 차원의 노력이 필요했기 때문이다. 유엔은 이 두 차례 회의를 통해 주거가 기본적 인권임을 명시하고, 주거권을 실현하는 것이 국가의 의무임을 선언했다. 이후에도 유엔은 2001년 '새 천 년 도시 및 인간 정주 선언'[121]을 발표하는 등 주거권에 대해 지속적으로 관심을 기울였으며, 최근에는 한 걸음 더 나아가 유네스코와 유엔-해비타트를 통해 도시에 대한 권리 연구에 착수했다. 제1장과 제2장에서 살펴본 것처럼, 도시에 대한 권리는 주거권보다 훨씬 더 포괄적인 권리이다. 도시에 대한 권리에는 주거권은 물론, 자유권적인 요소와 사회권적인 요소가 모두 망라되어 있다고 볼 수 있다.

한편 1986년 유엔은 '발전권 선언Declaration on the Right to Development'을 통해 발전권 개념을 공식화했다. 발전권은 제 3세계 국가들의 입장이 반영된 것으로, 개인적 권리라기보다는 집단적 권리라고 볼 수 있는데, 이 때문에 지금도 약간 논란이 되고 있는 권리 개념이다. 그러나 1992년의 리우 선언, 1993년의 빈 선언을 통해 발전권은 유엔이 공식적으로 인정하는 권리로 확고히 자리를 잡아가고 있다.[122]

2. 국가 단위 인권 보장 체계와 최근의 균열

(1) 시민권의 영역 확장과 대상의 제한

이처럼 유엔과 같은 국제기구가 인권 보장을 위해 많은 노력을 기울이고 있긴 하지만, 그동안 국제기구가 세상 모든 사람들의 인권을 직접적으로 보장해주지는 못했다. 현실에서 인권을 법적으로 보장해준 주체는 국제기구가 아니라 개별 국가였다. 그런데 실제 개별 국가들이 보장하는 인권은 시민권[123]이라는 형태를 통해 그 나라 국민에 속하는 사람들, 즉 그 나라 국민으로서 자격을 갖춘 사람들에게만 한정되었다. 이처럼 자기 나라 국민에게 한정된 시민권을 흔히 근대적 시민권이라고 하며, 그 유래는 근대 국민국가의 탄생 시기로 거슬러 올라간다.

근대적 의미의 시민권은 바로 근대 국민국가의 영토 형성과 밀접하게 관련되어 있다. 1648년 유럽에서는 지루하게 이어진 30년 전쟁을 끝내기 위해 베스트팔렌 조약을 체결했는데, 이 조약의 역사적 의의는 그동안 유럽을 지배하던 로마 가톨릭교회와 신성로마제국이 세력을 잃고 그 대신 각 제후들이 영토적 주권과 통치권을 인정받게 되었다는 점이다. 그 결과, 그동안 유럽에서 지배권을 행사하던 황제와 교황 대신 각각의 독립적 주권을 가진 제후 국가들이 상호 공존하는 유럽의 근대적 국가체계가 형성되었다. 이때부터 시민권

역시 근대 국민국가의 영토 안에 사는 국민들에 한해 부여되기 시작했다. 즉, 시민권은 근대 국가의 구성원들에게만 주어진 권리였던 것이다.

근대적 인권 선언의 효시라고 할 수 있는 1789년 프랑스의 〈인간과 시민의 권리 선언〉에서는 인간의 권리와 시민의 권리가 동일한 의미로 사용되었다. 그러나 이후 다른 나라와의 전쟁을 거치면서 프랑스에서는 인간의 권리, 즉 인권이 자국민들, 즉 프랑스 국민의 자격을 갖춘, 프랑스 시민권을 부여받은 사람들에게만 보장되었다. 이는 영국이나 미국 등 다른 나라에서도 마찬가지였다. 프랑스 혁명을 계기로 당위적이고 보편적인 성격의 인권이 국민국가가 책임지고 보장해야 할 실질적이고 구체적인 권리로 현실화되었지만, 이것이 인류 전체를 아우르는 보편성을 갖지 못한 채 자기 나라의 국민에게만 주어지는 권리로 축소된 것이다. 또 같은 국민이라도 재산이 없는 빈곤층과 여성 등은 재산이 있는 남성과 동등한 권리를 부여받지 못했다. 이들에게는 같은 국민으로서의 자격, 즉 시민 자격이 부여되지 않았기 때문이다. 각 국가에서 모든 국민이 보편적인 시민권을 부여받게 된 것은 노동운동, 여성운동 등 사회 각 계층의 투쟁이 시작되고 상당한 시간이 경과한 뒤의 일이었다.

시민권 이론의 대표적 학자 토머스 험프리 마셜T. H. Marshall은 시민권이 선험적으로 주어지거나 고정된 것이 아니라 역사적으로 구성되는 역동적인 것이라고 보았다. 그는 영국을 사례로 시민권이 그동안 어떻게 진화·발전했는지를 다음과 같이 세 단계로 나누어 설명했다. 우선 공민권civil right, 즉 신체의 자유, 언론의 자유, 사상의 자유, 집회 결사의 자유, 사유 재산권 보장 같은 자유권적 요소들은 영국에서 18세기 무렵에 획득되었다. 그리고 선거권과 피선거권 같은 참정권을 의미하는 정치적 권리는 19세기에 와서, 노동, 교육, 의료, 복지 등과 관련된 사회 경제적 권리는 20세기 전반기에 와서야 비로소 획득되었다. 마셜은 시민권을 "문명화된 삶의 조건을 누리고 사회적 유산을 공유할 수 있는 권리이며 사회의 완전한 구성원, 즉 시민으로 받아들여지는 권리"라고 정의했다. 시민권 발전의 최고 단계는 사회권 보장 단계로, 서구 국가들에서는 이것이 복지 국가 형태로 나타났다. 마셜이 보기에 자유권이 자본주의의 원리라면, 정치적 권리는 민주주의의 원리이고, 사회권은 복지 국가의 원리이다. 그래서 현대 복지 국가는 자본주의와 민주주의 그리고 복지 국가가 상호 결합된 형태가 된다. 마셜은 이처럼 시민권이 발전하면서 모든 사람들이 동등한 사회적 구성원으로 인정받게 되고, 또 계급이 야기하는 자본주의적 불평등이 완화되어 사회 통합에 기여했다고 본다.[124]

이처럼 재산을 가진 남성에게 한정되었던 시민권이 오랜 세월에 걸쳐 노동 계급과 여성을 포함한 모든 국민에게 확장되어갔지만, 국민의 자격을 갖추지 못한 사람에게까지 확장된 것은 아니었다. 난민이나 외국 출신의 이주자들은 특정 국가 안에서 살고 있어도 국민의 자격을 갖지 못하고, 따라서 시민권을 갖지 못한다. 유대인으로서 나치 독일에 의해 시민권을 박탈당하고 미국으로 망명한 후 그곳에서 오랫동안 무국적자로 생활했던 한나 아렌트가 말한 "나라 없는 인민"의 비극이 발생할 수도 있는 것이다.[125] 국가 중심 시민권의 가장 큰 문제는 여기에 있다. 인권이 시민권을 통해 국민국가 구성원들에게만 보장되는 것은, 인류 전체를 대상으로 한다는 인권의 보편성이라는 가치와 충돌한다. 인간이라는 이유만으로 전 세계의 모든 인간이 갖는 보편적인 인권과, 어떤 국가의 국민으로서 갖는, 즉 정치 공동체의 구성원으로서 갖는 시민권 사이에는 근본적으로 갈등의 소지가 있는 것이다.[126]

이러한 갈등은 유대인과 집시를 독일 민족이 아니라는 이유로 학살한 나치 독일의 만행 같은 사례에서 첨예하게 드러났다. 또 두 차례 세계대전을 겪으면서 국민국가가 시민권의 형태로 인권을 보장하는 것의 한계가 분명하게 드러났다. 1948년 세계인권선언이 나오게 된 것도 국민국가 단위의 시민권이 갖는 이 같은 한계를 직시한 결과였다.

(2) 세계화와 이주자 증가, 새로운 시민권의 모색

세계인권선언 이후 국제적 차원에서 인권 보호 활동이 활발히 이루어졌지만, 여전히 베스트팔렌 체제에서 비롯된 근대적 시민권 체제는 큰 틀에서 그대로 유지되었다. 그런데 최근 들어 세계화의 속도가 빨라지고 그에 따라 자본과 정보, 상품의 국경을 초월한 흐름이 가속화되면서 이에 비례해 국경을 넘나드는 이주자들 역시 큰 폭으로 증가하고 있다. 이주자들의 대다수는 더 좋은 일자리를 찾아 가난한 저개발 국가에서 부유한 선진국으로 이주하는 사람들이다. 그런데 선진국으로 간 가난한 국가 출신의 이주자들은 그 나라의 시민권이 없기 때문에 생기는 여러 가지 곤란과 인권 침해 문제를 겪고 있다. 이러한 상황에서 국민국가라는 틀 속에 한정된 시민권 개념의 한계 또한 분명해지고 있다. 근대적 의미의 시민권은 자국의 국경 안에서 거주하는 국민들에게 일종의 배타적 멤버십을 주는 형태라고 할 수 있는데, 이러한 시민권으로는 외국인 이주자의 인권을 제대로 보장하기 어렵기 때문이다.

따라서 세계화 시대에 어울리지 않는 국민국가 중심 시민권의 한계를 지적하고, 새로운 형태의 시민권의 필요성을 제기하는 주장들이 대두되고 있다. 이러한 주장들은 공통적으로 국가 중심 시민권의 한계를 지적하고 있지만, 국가 중심 시민권의 구체적 대안이 무엇인지에 대해서는 의견이 분분하다. 다양한 대안들 중에서 가장 대표적인 흐름은 시민권보다는 보편적 인권을 더 중시해야 한다는 입장이다. 국경을 넘나드는 이주의 특성상 이주자의 권리를 보호하고 증진하기 위해서는 영토적 경계선의 개념이 포함된 시민권보다는, 이를 초월해 인간 존엄성과 가치에 초점을 둔 인권으로 접근하는 것이 더 유용하기 때문이다. 또 하나의 주요한 흐름은 이른바 국가 단위를 넘어선 세계 단위의 시민권, 즉 '세계 시민권global citizenship'을 지향해야 한다는 주장이다. 이러한 세계 시민권 주장의 근거 역시 보편적 인권 개념이다.

대표적인 예로 소이살Y. N. Soysal은 유럽에서 이주 노동자들의 경험을 지켜보면서 세계화에 따라 보편적 인권이 시민권을 대체할 수 있다고 주장한다. 그 근거는 유럽에서 과거에 시민권을 지닌 자국민들에게만 주어졌던 권리들이 이제 이주자들에게도 확대되는 경향이 보인다는 점이다. 이러한 관찰에 근거한 그녀의 대안적 시민권 모델은 국민국가 소속 여부보다는 보편적 인간성에 근거한 탈국가적 멤버십이다.[127] 이외에도 유발-데이비스Nira Yuval-Davis나 앨브로Martin Albrow 등을 중심으로 국가 중심주의적인 근대적 시민권을 대체하는 새로운 시민권에 대한 모색이 잇따르고 있다.[128]

이처럼 국민국가 중심의 시민권의 한계를 지적하고 그 대안을 모색하는 노력들이 진행되는 가운데, 한편에서는 국가보다 더 넓은 세계 차원에서 새로운 대안을 모색하는 움직임이 나타나고 있는 반면, 다른 한편에서는 국가보다 더 작은 도시 차원에서 새로운 대안을 모색하는 움직임이 포착된다. 바로 도시 단위 시민권을 모색하는 움직임이다.

최근 서구에서 도시에 대한 권리 개념이 재삼 부각되는 것은 이러한 시대적 맥락과 깊은 연관이 있다. 다음 장에서는 도시에 대한 권리 개념의 유용성을 권리 주장의 유용성과 도시 단위의 권리 주장의 유용성으로 나누어 살펴보도록 하자.

3. 권리 주장의 유용성

(1) 이기적 권리의 한계

우리나라에는 아직도 인권 혹은 시민의 권리를 주장하면 좌파라고 몰아세우는 사람들이 많지만, 사실 '원조 좌파'는 인권 혹은 권리를 주장하는 것을 별로 탐탁지 않게 생각했다. 초창기 자본주의의 모순에 대해 가장 강력하게 비판했던 마르크스는 실천적 관점에서 인권 혹은 권리를 주장하는 것에 대해 냉소적이었던 것으로 잘 알려져 있다. 마르크스는 젊은 시절에 쓴 〈유대인 문제에 대하여Zur Judenfrage〉[129]라는 글에서 프랑스 혁명의 결과인 〈인간과 시민의 권리 선언〉이 내세운 평등, 자유, 안전, 재산권 같은 인간의 권리가 타인과 공동체에서 분리된 이기적 인간의 권리에 불과하다고 신랄하게 비판했다. 사적 소유의 권리를 불가침의 권리인 자연권, 즉 인권으로 인정함으로써 인권이란 자본을 소유하고 사적 소유의 자유를 추구하는 부르주아의 권리에 지나지 않게 되었다는 것이 마르크스의 생각이었다. 마르크스가 보기에 자본주의에서 나타나는 인간 소외와 불평등은 자본주의의 사회 경제적 관계에서 비롯되는 것이었다. 모든 사람에게 동등한 시민적 권리를 보장함으로써 평등을 이루려 하는 것은, 시민적 권리가 추상적·법적 영역에 제한되고 물질적·문화적 불평등의 해결에는 거의 이르지 못한다는 점에서 공허한 구호에 불과했다. 따라서 마르크스는 정치적 시민권의 발전이 진보적 측면을 갖고 있기는 하지만, 자본주의적 소유 관계를 변화시키지 않는 한, 즉 자본주의를 타도하지 않는 한 별 실효를 거둘 수 없다고 보았다.[130]

마르크스의 이러한 시각은 이후 사회주의나 공산주의 운동에 영향을 미쳤다. 러시아 혁명의 선도자 레닌 역시 마르크스를 따라, 개인의 권리를 강조하는 입장에 반대했다. 레닌이 보기에 평등한 권리라는 관념은 부르주아의 법에 근거하는 것이므로 그 자체가 평등과 정의를 위반하는 것이었다. 마르크스와 그의 후예들이 볼 때, 참정권과 같은 정치적 권리를 강조하는 일은 재산을 많이 가진 부르주아의 몫이었다. 그 대신에 그들은 정치적 권리의 평등보다 더 중요한 것이 사회적·경제적 평등이라고 생각했다. 그리고 사회적·경제적

평등은 자본주의 질서 속에서 단지 시민들의 정치적 권리만
으로는 결코 달성될 수 없는 목표라고 여겼다.

(2) 인권 정치의 부각

하지만 자본주의에 비판적인 좌파 이론가라고 해서 모두
마르크스와 레닌같이 권리 주장을 무시하거나 비난한 것은
아니다. 권리 담론을 이른바 개량주의라고 비판하는 사람들
은 시민권의 확장이 지배 계급의 전략에 불과하다고 주장하
지만, 이들은 서구 자본주의 국가에서 시민권이 사회 경제적
영역으로 꾸준히 확장되면서 자본주의의 불평등을 완화해
왔다는 점은 과소평가하고 있다.[131] 또한 스탈린 체제의 소
련이 보여준 것과 같은 현실 사회주의 국가의 전체주의적인
모습은 개인의 정치적 권리의 중요성을 새삼 일깨워주었다.

클로드 르포르Claude Lefort는 마르크스의 권리 관념을 비
판한 프랑스의 대표적인 신좌파 이론가이다.[132] 그는 스탈린
식 체제의 소련을 전체주의라고 비판하면서, 사회주의와 자
본주의라는 대립 구도보다는 민주주의와 전체주의라는 대
립 구도를 강조했다. 르포르가 보기에 인권 혹은 권리는 바
로 민주주의와 밀접한 관련이 있었다.

마르크스는 인간의 권리라는 것이 이기적이고 타인과 공
동체로부터 분리된 개인의 권리에 불과하며, 따라서 인간의
권리를 중시하는 것은 원자화된 개인과 정치적 공동체 간의

분열을 은폐하는 기능을 한다고 비판했다. 그러나 르포르는 인간의 권리를 개인의 권리나 개인의 자유로 보는 시각을 비판한다. 권리는 사람을 원자화하는 해체적인 것이 아니라 새로운 인간관계의 연결망을 가능하게 해주는 것이기 때문이다. 단적인 예로, 언론 집회의 자유는 특정한 개인에게 속하는 것이 아니라 개인들 사이의 관계를 형성하게 해주는 '관계의 자유'인 것이다. 그리고 이러한 관계의 자유가 민주주의의 공론장을 형성한다. 그래서 인간의 권리는 민주주의 속에서만 존재할 수 있다.133

르포르는 또한 권리에 대한 인식을 강조했다. 권리에 대한 인식에서 출발해 새로운 요구가 나타나고 확산되며, 이로 인해 사회적 변화와 함께 권리의 제도화가 실현되는 과정이 반복되기 때문이다. 이것이 바로 르포르가 강조한 권리의 정치이다. 르포르가 강조한 권리의 정치는 다양한 요구의 스펙트럼을 갖고 있는데, 각각의 요구는 허가와 금지라는 기준이 아니라 정의와 불의라는 기준에 의해 취사선택되어야 한다. 권리에 기초한 요구와 운동은 모두 스스로의 자율성을 통해 사회를 변화시키고자 하는 것이며, 자율성은 곧 단일성과 통일성에 대한 저항이라고 할 수 있다. 따라서 인권의 정치는 제도의 정치가 아니라 운동의 정치이며 차이의 정치이다.134

그런데 르포르는 이러한 인권 혹은 권리가 권력에 우선한다고 주장했다. 따라서 권력이 스스로를 정당화하려면 권리에 순응해야 한다. 예를 들어, 불의의 권력에 저항할 권리는 시민의 당연한 권리이지, 국가에게 저항권의 보장을 요청할 성질이 아닌 것이다. 르포르의 주장에 따르면 18세기에 형성된 인간의 권리는 권력과 권리 사이의 얽힘을 해체·분리하면서 등장한 것이다. 하지만 르포르가 주장한 권리와 권력의 분리, 권력에 대한 권리의 선차성은 많은 논쟁을 불러일으켰다. 권력이 없다면 권리를 보장해줄 방법이 없다는 것이 르포르의 주장에 대한 반론이었다. 결국 인권을 지켜줄 수 있는 권력이 없다면 인권이 보호될 수 있는가가 쟁점인 셈이다.[135]

르포르가 주장한 이른바 인권 정치의 중요성에 공감하면서도 르포르와는 다른 시각을 가진 대표적인 좌파 이론가가 에티엔 발리바르Étienne Balibar이다.[136] 르포르가 자유주의적 문제 설정을 확장하면서 인권 정치의 문제를 제기했다면, 발리바르는 마르크스주의적 문제 설정을 확장하면서 인권 정치의 문제를 제기한다.[137] 발리바르는 인권과 시민권을 구분하고 인권을 시민권보다 우위에 놓는 르포르 류의 이른바 자유권 중심의 인권 정치론에 반대했다. 그 대신 인간＝시민, 즉 인권과 시민권의 동일화를 주장했다.[138]

신자유주의적 세계화가 전개되면서 민주주의가 후퇴하고 공공 영역이 잠식당하는 경향을 보고 발리바르는 좌파 정치를 비롯한 근대 정치가 근본적인 한계에 도달했다고 여긴다.

그리고 근대 정치의 한계는 국적에 근거한 근대적 시민권의 한계에서 비롯됐다고 보았다. 발리바르가 보기에 자본주의 국가와 현실 사회주의 국가를 포함한 근대 국민국가는 사회권을 시민권 속에 포함시킴으로써, 각 개인이 물질적으로 자립하고 안정된 삶을 꾸릴 수 있는 조건을 제도적으로 마련했지만, 이러한 권리가 자국의 시민권을 가진 사람에게만 한정된다는 한계를 안게 되었다. 따라서 현재 진행 중인 유럽 통합 과정이 민주주의의 역사에서 새로운 단계를 이룩하기 위해서는 국민에 속하지 않는 사람들을 배제하는 근대적 시민권의 문제를 극복해야 한다. 이것은 비단 유럽연합에만 국한된 과제가 아니라 민주주의를 표방하는 모든 국가 또는 각 정치체의 탈근대적 과제이다.[139] 이러한 과제를 해결하기 위해 발리바르는 프랑스 혁명 직후에 나온 〈인간과 시민의 권리 선언〉을 새롭게 조명한다. 그리고 여기서는 인간의 권리와 시민의 권리 사이에, 인간과 시민 사이에 현실적으로 어떤 내용적 차이도 존재하지 않음을 알게 된다. 즉, 이 프랑스 인권 선언에서는 '인간=시민'의 등식이 성립한다. 하지만 국가 단위의 시민권을 강조한 근대 국민국가는 '시민권=국적'의 등식을 주장한다.[140]

발리바르의 대안은 이방인들이 특정 국가의 시민으로 동화함으로써 시민권을 획득하는 것이 아니라, '시민들로서의 이방인들'이라는 형상에 따라 주어진 정치적 단위 안에서 평등한 시민권을 더 많이 획득하는 것이다.[141] 그래서 발리바르는 '완전한 시민권droit de cité' 또는 이산적diasporic 시민권을 현 정세에 가장 긴급히 필요할 뿐만 아니라 현 정세에 맞게 쇄신되고 민주화된 시민권의 형태로 제시한다.[142] 발리바르의 완전한 시민권은 이주의 권리, 거주의 권리를 포함해, 개인이나 집단이 이주한 장소에서도 정치적 권리를 행사하는 것, 다문화주의나 각 국민 문화에 자신이 기여한 바를 인정받는 것 등 자신이 속한 모든 곳에서 '권리를 인정받을 수 있는 권리'와 관계된다.[143]

발리바르가 생각하는 이러한 새로운 시민권은 아렌트가 말한 '권리를 가질 권리'와 비슷한 개념이다.[144] 발리바르는 아렌트의 '권리를 가질 권리'가 최소한의 정치적 요구가 아니라 최대한의 요구이며, 특히 시민권에서 배제되었기 때문에 자동적으로 삶의 물질적 조건이나 인간의 존엄성을 상실하게 된 사람에게 필요한 권리라고 평가했다.[145] 이런 발리바르의 생각은 르페브르가 말년에 프랑스 혁명의 〈인간과 시민의 권리 선언〉을 다시 분석하면서 인간의 권리=시민의 권리 개념을 회복해야 한다고 생각한 것과 일맥상통한다고 볼 수 있다.

라클라우E. Laclau와 무페C. Mouffe 역시 전통적인 시민권의 좁은 영역을 넘어서서 이른바 '민주주의적 권리'의 행사 영역을 확대하는 것이 중요하다고 주장했다. 기존 마르크스주의의 경제결정론과 변혁 주체로서 노동자 계급의 특권적 지위를 비판했던 라클라우와 무페가 말한 민주주의적 권리란, 고립된 개인들의 권리가 아니라 사회적 관계 속에서 집합적으로 행사되는 권리이다. 또한 타인에게도 동등한 권리가 존재한다는 것을 인정하는 것이다. 즉, 노동자 집단의 권리뿐만 아니라 여성, 이민자, 소비자 집단의 권리도 동시에 존중되는 것이 민주주의적 권리이다. 라클라우와 무페가 민주주의적 권리의 확장이 가장 필요하다고 생각한 영역은 바로 경제 영역이었다. 전통적 시민권은 정치 영역에만 한정되는 경향이 있지만 이렇게 권리 주장의 영역을 정치 영역, 공적 영역에만 협소하게 국한시키는 것이 바로 신보수주의의 전략이다. 따라서 신보수주의와 싸우기 위해서는 민주주의의 적용 범위를 확대하고 권리 주장의 영역을 확대해야 하는 것이다.[146]

(3) 보편적 인권의 이상

앞서 살펴본 것처럼 마르크스는 사회 투쟁의 조직 원리로서 권리의 가치에 대해 회의적이었다고 알려져 있다. 실제로 마르크스는 권리는 권력——국가 권력 혹은 탈법적 위협——에 의해 뒷받침되는 만큼만 효력이 있다고 생각했다. 엥겔스 역시 권리에 관한 이론은 사회 경제 발전 단계의 산물, 특히 지배 계급의 산물이라고 보았다. 즉 권리 개념은 계급과 역사적·사회적 조건에 달려 있다는 것이다. 그렇다면 어떠한 인권도 보편적이지 않다는 의미로 들릴 수 있다. 그러나 마르크스는 또한 '쇠사슬밖에 잃을 것이 없는 프롤레타리아는 더욱 평등한 사회, 보편적 인권의 이상이 제대로 유지되는 사회를 꿈꿀 수 있는 위치'에 있다고 보았다.[147]

하비는 《희망의 공간》이라는 책에서 인권의 범위를 확대·강화할 방법을 찾고, '서로 다를 수 있는 권리'와 '공간의 생산에 대한 권리'에 공감할 수 있도록 하는 것이 중요하다고 주장한다.[148] 그리고 1948년 유엔인권선언에서 자유권과 사회권이 분리되었고, 사회권의 내용을 담은 유엔인권선언 제22~25조가 미국을 비롯한 유엔인권선언 서명국 중 거의 모든 국가에서 지금까지 제대로 지켜지지 않은 점을 지적한다.[149] 하비는 이 조항들만 엄격하게 적용하더라도 자본주의 정치 경제에 엄청난, 어떤 의미에서 혁명적인 변혁을 가져올 수 있으리라고 본다. 예컨대 최근의 신자유주의 경향은 인권을 침해하고 있기 때문에, 인권을 제대로 지키려면 신자유주의를 폐기해야 한다는 것이다.[150]

하비의 해석에 따르면 마르크스는 결코 권리의 유용성을 완전히 포기하라고 한 것이 아니다. 물론 엄격한 마르크스주의 관점에서는 모든 권리 개념이 부르주아 제도에 포획된 것이고, 따라서 권리와 관련된 정치를 하려는 것은 개량주의라고 여길 수 있다. 또 포스트모더니즘 관점에 선다면 권리나 보편성 개념이 잘못된 계몽주의 사상의 서자에 불과하다고 폄하할 수도 있다. 보편성을 주장하는 것이 얼마나 쉽게 서로 다른 이해들을 억압하고 지배하는 수단이 되었는지 보여주는 증거도 많다. 그러나 하비는 개량주의와 혁명 사이의 구분이나, 특수성과 보편성 사이의 구분이 그리 명료하지 않다고 여긴다. 그래서 보편적 인권의 의미를 너무 협소하게 해석하면 안 된다고 본다.[151] 즉, 인권의 보편성은 원래부터 주어져 있는 것이 아니라 인류가 실천과 투쟁을 통해 쟁취한 것이며, 역사적으로 그 내용이 점차 심화되고 확장되었다는 것을 인정한다면, 인권 혹은 권리를 요구하고 주장하는 것은 가치 없는 일이 아니라 오히려 매우 절실한 일인 것이다.

4. 도시 단위의 유용성

지금까지 권리를 주장하는 것이 과연 실천적으로 유용한가에 대해 살펴보았다. 자유권뿐만 아니라 사회권도 포함하고 있는 보편적 인권의 중요성에 대해서는 아무도 부인하지 않는다. 문제는 이러한 보편적 인권을 누가 어떻게 보호하고 증진할 것인가 하는 것이다. 이 문제와 관련해 인권과 시민권의 차이를 둘러싼 상당히 복잡한 논의가 있으며, 세계화 시대에 접어들어 개별 국가 단위의 영토와 국민에게만 한정된 근대적, 국가 중심적 시민권에 대해 다양한 각도에서 대안이 모색되고 있다는 것을 간단히 살펴보았다.

그런데 세계화 시대가 본격적으로 열리기 전에 이미 르페브르는 도시에 대한 권리를 주장했다. 그렇다면 르페브르가 처음 주장했고 최근에 다시 주목받고 있는 도시에 대한 권리 개념은 근대적 의미의 시민권과 어떠한 차이점이 있는가? 제1장에서 살펴보았듯이, 르페브르는 도시에 대한 권리는 도시에 거주하는 사람과 도시 서비스를 이용하는 사람이 누려야 한다고 주장했다. 이는 국가 단위에서 보장되는 근대적 의미의 시민권과 구별되는 도시 거주자·이용자의 권리를 강조한 것이다. 권리를 주장하기 위한 공간 단위로서 도시 단위는 국가 단위, 혹은 범지구적 단위보다 유용한 측면이 있는가? 국민의 기본권인 시민권, 혹은 인간의 보편적 권리인 인권을 제대로 보장하라고 주장하면 되지 왜 굳이 도시에 대한 권리를 주장하는 것인가? 이제부터 도시 단위에서 권리 주장이 왜 유용한지에 대해 살펴보도록 하자.

(1) 일상생활의 장소인 도시

사람들의 일상생활은 추상적인 공간이 아니라 매우 구체적인 공간에서 이루어진다. 예외가 있기는 하지만 대부분의 사람들은 일정한 공간적 범위 안에서 일하고 쉬고 놀고 거주한다. 그리고 이렇게 일정 공간 단위에서 조직된 공식적·비공식적 관계 속에서 자신들의 정서와 지식을 형성해간다. 인본주의 지리학자 투안Yi-Fu Tuan은 사람들이 공간space을 더 잘 알게 되고 공간에 자신의 가치를 부여함에 따라 공간이 장소place가 된다고 말한다.[152]

이처럼 사람들이 살아가면서 가치를 부여하는 장소들은 균질하지 않고 각기 다르다. 대도시와 농촌이 다르고, 같은 대도시라도 부유한 동네와 빈곤한 동네가 다르다. 자연 환경, 사회 환경, 문화 환경 등에서 각 장소는 다른 장소와는 구별되는 고유한 특성, 즉 지역성locality을 지닌다. 같은 장소에서 일상적 삶을 살아가는 사람들은 비슷한 생활 경험을 공유하면서 장소에 기반을 둔 정체성을 공유하게 된다. 각 개인의 삶은 알게 모르게 그가 살고 있는 장소에 의해 물질적으로, 사회적으로, 상징적으로 제약되고 그 장소에 의존하게 된다.

전통적인 사회에서는 특정 장소에 기반을 둔 정체성과 소속감이 그곳에 살고 있는 사람들의 일상생활을 지금보다 훨씬 더 많이 지배했다. 그러나 국민국가가 등장하고 국가적 교육 체계나 사회 복지 체계가 자리 잡으면서, 또 교통·통신이 발달하고 생산 소비 체계나 정보 전달 체계가 범지구적 단위에서 조직되면서, 서로 다른 지역에 살고 있는 사람들도 비슷한 체험을 공유할 수 있게 되었다.[153] 그로 인해 사회관계 형성이나 경험의 공유 범위가 공간적으로 확대되고 있는 것이 사실이다. 하지만 사회관계의 재생산이나 개인의 일상생활은 여전히 특정 장소에 상당히 의존하고 있다. 전화, 인터넷, 이메일, 트위터 등 정보 통신 기술이 엄청난 속도로 발전하고 있지만, 사람과 사람이 직접 만나는 대면 접촉의 중요성이 감소하지 않는 한, 사람들이 만나고 교류하는 장소의 중요성도 여전히 줄어들지 않을 것이다. 좁은 국토와 오랜 중앙 집권 구조를 가진 우리나라에서 똑같은 방송과 똑같은 신문을 보는 국민이지만, 영남 사람과 호남 사람의 정서나 정치적 관점이 다르고, 서울 강남에서 자란 사람과 농촌 지역에서 자란 사람의 생활 양식과 사고방식이 다른 것은 장소가 사람에게 영향을 끼치기 때문이다. 맹자의 어머니가 맹자의 교육을 위해 세 번이나 이사를 한 것도 장소가 가진 힘을 의식했기 때문이다.

그런데 지금은 세계 인구의 다수가 도시에서 거주하고 있는 도시화 시대이다. 따라서 도시는 사람들의 일상생활에서 가장 중요한 공간 단위라고 할 수 있다. 주택, 교통, 환경, 여가 등 현대인이 일상생활에서 부딪히는 갖가지 문제가 발생하는 곳이 바로 이 도시 단위이다. 이처럼 현대인의 일상생활의 장소가 바로 도시이기 때문에, 르페브르를 필두로 하여 여러 사람들이 실천 운동의 장소로 도시를 주목한 것이다.

(2) 민주주의의 실현 장소인 도시

그런데 지금과 같이 도시화가 진행되기 전에도 도시는 실천의 장소로서 매우 중요한 곳이었다. 단적인 예로 고대 그리스의 도시 국가 아테네는 서구 민주주의의 발생지이자 직접 민주주의의 원형이 탄생한 곳이다. 중세 봉건 시대 서양의 일부 도시들은 왕이나 봉건 영주의 권력으로부터 상대적으로 자유로운 자치권을 누렸다. 막스 베버가 강조한 것처럼 서양 역사에서 도시의 중요한 특징은 바로 정치적 자율성이었다.[154] 역사적으로는 봉건제를 타파하고 근대 민주주의를 이끌어낸 주체 집단을 가리키는 '시민市民, citizen'이라는 말도 원래는 문자 그대로 도시의 거주자라는 뜻을 갖고 있었다. 유럽의 역사에서 도시가 중세의 봉건적 구조에서 해방된 자유로운 인간들을 배출한 장소였기 때문에, '시민'의 의미가 '도시 거주자'에서 '자유와 권리를 가진 주체적 인간'으로 변형된 것이다. 근대적 의미의 국민국가가 형성되면서 시민이라는 말은 근대 국가의 국민을 뜻하는 말로 의미가 확장된다. 그래서 지금은 시민이라는 말에 민주주의 국가에서 자신의 권리와 의무를 다하고 있는 능동적 국민이라는 의미가 담겨 있다. 시민권이라는 말도 원래 도시 구성원의 자격을 뜻했지만, 지금은 국민국가의 구성원, 즉 국민의 자격을 뜻하는 말로 의미가 확장되었다.

실제로 민주주의의 역사에서 중요한 정치적·사회적 사건

들은 거의 대부분 도시에서 발생했으며, 그 사건들의 주체는 도시 거주자들, 즉 시민들이었다. 도시의 거주자들이 민주주의의 실천 주체였던 것이다. 18세기 프랑스 대혁명, 19세기 프랑스 파리 코뮌, 20세기 초 러시아 혁명, 20세기 후반 우리나라의 4.19, 5.18, 6.10 항쟁 등은 모두 도시에서 도시 거주자들이 주체가 되어 일어난 사건들이다. 최근의 광우병 쇠고기 수입 반대 촛불 집회도 마찬가지다.

캐나다의 정치경제학자 해럴드 이니스Harold Innis는 도시가 전통적으로 민주주의의 실현 장소였을 뿐만 아니라 민주주의를 이끄는 선봉이었다는 점에서 도시가 민주주의와 동의어라고 본다. 오늘날 민주주의의 문제 역시 도시 문제와 밀접하게 얽혀 있다. 종교 갈등, 인종 갈등, 민족주의, 군국주의 등 전 세계의 각종 문제들은 대부분 도시 차원에서 발현되고, 따라서 도시 정부가 그 문제들의 첫 번째 해결사가 된다. 도시 문제로 발현되지 않는 세계 문제는 별로 없다. 도시는 세계의 문제가 집중되는 장소이자 그 문제가 해결되는 장소이다. 이러한 의미에서 이니스는 민주주의의 문제 해결은 도시에 달려 있고, 현대 도시의 문제는 곧 민주주의의 문제라고 보았다.[155]

'집단들 사이의 차이의 정치'라는 논제를 부각시킨 여성주의자 아이리스 영Iris Young은 대면 접촉이 가능한 소규모 집단으로 구성된 사회를 이상적 형태의 사회로 보는 기존의 논의들이 이미 도시화된 현대 사회에서는 비현실적이라고 비판한다. 그 대신에, 다양한 사람과 집단들이 서로 관계를 맺으며 살아가는 도시가 억압을 없애고 좀 더 개방적으로 변한다면 바로 이상적인 사회가 될 수 있다고 본다. 영은 직접적 접촉에 따른 친밀감과, 차이보다 통일을 중시하는 기존의 이상적 공동체 논의를 비판하고, 그 대안으로 타인에게 동화되기보다 낯선 사람들을 인정하고 차이에 대해 개방적인 비억압적 도시에서 이상 사회를 찾을 수 있다고 보았다.[156]

(3) 세계화와 지역화

흔히 세계화 시대에는 전 세계가 균질화되면서 각 지역 및 장소들 간의 차이가 줄어든다고 알려져 있다. 그러나 최근의 논의들은 세계화 시대에 각 지역의 차별화된 특성이 오히려 중요시되는 경향을 주목하고 있다.

대표적으로 하비는 세계화 시대에 공간적 장벽이 약화됨에 따라 장소들 간의 차이에 자본이 더욱 민감하게 반응한다는 점을 지적한다. 세계화 시대가 개막되고 교통·통신 수단이 발달하면서 각 지역의 독특한 차이는 자본을 끌어당기는 매력이 되며, 각 지역은 장소의 차이를 만들어 자본을 유인하려고 노력한다는 것이다. 실제로 어느 곳에나 쉽게 갈 수 있다면, 사람이나 자본은 가장 원하는 곳으로 갈 것이다. 사람이나 자본이 원하는 장소를 만드는 것이 세계화 시대에 각 장소의 생존 전략이 되고, 이때 장소의 차별성이 경쟁 무기가 된다. 이런 의미에서 세계화는 이른바 지역화localization 과정을 촉진한다고 알려져 있다. 그래서 세계화와 지역화를 하나로 묶어서 글로컬라이제이션glocalization이라고 일컫기도 한다.

또한 세계화 과정과 함께 세계 각지에서 중앙 정부의 권한을 지방 정부에 넘겨주는 분권화 과정이 함께 진행되고 있다. 미국과 서유럽의 경우 제2차 세계대전 이후 이른바 자본주의의 황금기를 이끌던 케인스주의적 복지 국가가 재정 위기에 직면하면서 중앙 정부의 많은 기능들이 지방에 이양되기 시작했다. 그래서 과거에 중앙 정부가 위임한 사항을 단순히 집행하는 역할에 그쳤던 지방 정부가 이제는 상당한 자율권을 가지고 직접 지역의 경제와 사회 정책을 책임지게 되었다. 중앙 집권적 독재 체제에 시달리던 개발도상국에서도 민주화가 진전되면서 지방 자치와 분권화가 진행되고 있다.

한편 현대 사회를 네트워크 사회라고 명명한 마누엘 카스텔은 네트워크 사회에서는 사회적 이해관계가 다양화되면서 다원화된 정체성이 나타나고 국가에 대한 시민들의 요구나 권리 주장도 다원화된다고 말한다. 하지만 중앙 정부가 이런 시민들의 다원화된 요구에 제대로 반응하지 못하고 무기력해서, 하버마스Jürgen Habermas의 표현으로는 정당성 위기, 세넷Richard Sennett의 표현으로는 근대적 시민권의 초석이었던 공인公人의 몰락과 같은 현상이 나타나며[157], 이러한 위기 상황을 극복하기 위해 국가는 권력의 일부, 즉 주로 일상생활의 문제 해결과 관련된 권력을 각 지방으로 분권화한다는 것이다.[158]

이처럼 세계화와 동시에 지역화, 분권화가 진행되면서 지금까지 국가가 수행하던 역할의 상당 부분이 초국가적인 국제기구나 지방 정부로 넘어가 국가가 공동空洞화되고 있다는 주장이 대두하고 있다. 실제로 유럽에서는 경제는 물론 외교와 국방을 포함한 국가 주권의 상당 부분이 유럽연합 집행위원회 본부가 있는 브뤼셀로 넘어갔다고 한다. 선진국이나 개발도상국 할 것 없이 WTO나 IMF 같은 국제기구들에 국가 경제 주권의 일부를 넘겨주는 것도 마찬가지 맥락이다. 한편 일상생활과 관련된 부분, 예를 들어 교육, 문화, 복지, 주택, 환경, 도시 편의 시설 등에 대한 책임은 국가에서 지방 정부로 이관되고 있다. 미국에서도 연방 정부에 대한 불신이 증가하면서 지방 정부와 주 정부가 주목을 받고 있다고 한다.

한 걸음 더 나아가, 유럽연합의 경우에는 각국의 도시와 지역이 모여 유럽연합 지역위원회The Committee of the Regions를 구성하고 도시와 지역의 목소리를 대변하고 있으며, 국가들이 결합된 유럽연합이 아니라 지역들이 결합된 유럽연합을 강조하고 있다. 아감벤Giorgio Agamben이 〈인권을 넘어서〉

라는 짧은 글에서 기존의 국민국가 중심의 시민권이 팔레스타인 난민 같은 국가 없는 사람들의 권리를 배제하고 있다는 점과, 이스라엘과 팔레스타인 두 민족이 한 도시를 공유해야 하는 예루살렘의 난제를 지적하면서, 이런 문제의 해결 방안으로 호혜적 대외 관계를 가졌던 고대 도시 국가 역할의 회복을 대안으로 제시한 것도 마찬가지 맥락으로 보인다.[159] 카스텔 역시 세계화 시대에 오히려 지방 정부의 자율성이 커지고 사람들의 정체성이 여전히 세계 단위가 아니라 자기가 살고 있는 영토 단위로 형성되는 것을 주목하면서, 근대가 시작될 때 중세 도시 국가가 큰 역할을 했던 것처럼 세계화 시대의 두드러진 특징은 도시 국가가 새롭게 창조되는 것이라고 본다.[160] 이런 주장들의 요지는 세계화 시대에도 특정 장소에 기반을 둔 도시나 지역의 역할이 줄어들지 않으며, 오히려 더 커지고 있다는 것이다.

(4) 도시 단위 시민권의 대두

역사적으로 도시는 경제 활동의 중심지 역할을 해왔다. 세계화 시대에 접어들면서 일부 대도시들, 대표적으로 미국의 뉴욕이나 로스앤젤레스, 영국의 런던, 일본의 도쿄 등은 자국 경제의 중심지를 넘어 세계 경제의 중심지가 되었다. 이른바 세계 도시global city라고 일컬어지는 이 대도시들은 범지구적 차원의 자본과 노동 집중지로서 생산, 소비, 교환 등 세계 경제 활동 전반의 중심을 이룬다. 세계화 과정을 선도하는 곳이자 세계화를 상징하는 곳이 바로 이들 세계 도시인 것이다.

세계 도시에는 세계 경제 전반을 관리·지배·통제하는 초국적 기업 및 세계적 금융 기관들이 집중되어 있으나, 동시에 사회적 지위가 낮은 외국인 노동자를 고용해 저임금으로 노동을 착취하는 영세 소기업이나 비공식 부분 역시 집중되어 있다. 세계 도시에서 경영 관리자나 전문가 등 상류층이 일하고 거주하는 지역에서는 화려한 재개발gentrification이 진행되고 이들만을 위한 폐쇄적 공동체가 만들어진다. 반면 하류층은 도시 환경이나 시설이 열악한 구역으로 밀려나고 최하위층은 노숙자로 전락한다. 세계 각지에서 온 이민자들 역시 출신 국가별로 특정 구역에 따로따로 집중된다. 세계화 경제에 소속되어 있지만 그 혜택을 받지 못하는 하위 계층은 개인의 이동성이 확대되는 세계화 시대에도 실제로는 자신들의 열악한 거주 지역에 고착되어 그곳을 벗어나지 못한다. 그래서 하나의 도시 안에서 계층과 집단이 서로 격리된 구역에서 따로따로 생활하는, 도시 공간 구조의 격리와 단절이 나타난다.

그런데 사센S. Sassen이 주장하듯이 세계 도시는 자본의 세계화와 노동자들의 이주에 부응해 새로운 시민권이 형성되고 실천되는 전략적 장소이기도 하다.[161] 세계화 시대가 도래하면서 국가의 주권이 약화되는 대신에, 세계화를 선도하는 세계 도시가 새로운 권리가 주장되는 정치적 공간이 되어가고 있는 것이다. 세계 도시에서는 기존의 근대적 권리를 도시의 일상생활 속에서 확장하거나 그 전에는 인정되지 않던 권리를 주장하는 새로운 정치적 주체들이 나타나고, 이들에 의해 기존 시민권의 의미나 범위가 새롭게 바뀐다. 특히 전 세계 각지에서 세계 도시에 모인 저숙련·저기술 노동자들은 세계화 시대의 희생양이면서 동시에 새로운 형태의 시민권 주장의 주체가 된다.

홀스턴은 세계 도시의 등장으로 새로운 형태의 시민권, 즉 '도시 시민권'이 부각된다고 주장한다.[162] 이 논의를 조금 더 자세히 살펴보도록 하자.

최근의 세계화 추세 속에서 국민국가는 여전히 중요한 공간 단위이긴 하지만, 소속감과 충성심의 가장 중요한 단위로서의 특권적 지위는 상실했다. 그 대신에 도시, 특히 세계 도시가 소속감의 중요한 단위로 부각되었고, 이에 따라 새로운 형태의 시민권이 주장된다. 자본주의의 세계화와 노동자들의 해외 이주 증가로 인해 나타나는 여러 가지 문제와 모순들은 세계적 자본과 노동이 모여드는 세계 도시에 집중되어 다양한 도시 문제, 즉 도시에서의 고용 기회, 도시 공간의 형태, 도시 사회의 조직, 도시 서비스의 공급, 도시 생활의 조건 등과 관련된 문제로 표출된다. 세계 도시에 거주하는 세계 각국 출신의 이주자들은 그들의 새로운 삶의 터전에서 이러한 도시 문제들과 싸우는 과정에서 자신들의 권리를 적극 주장하게 된다. 그리고 권리 주장 과정에서 새로운 시민권의 목표와 지향을 스스로 개발해내고, 수동성에서 벗어나 능동적 시민으로 거듭나게 된다. 홀스턴은 지금과 같은 자본과 노동의 세계화 시대에 많은 사람들이 고통받고 있는 사회 경제적 불평등 문제를 다루기 위해서는 민주주의의 세계화도 필요하지만, 세계 도시가 바로 민주주의의 세계화와 새로운 도시 시민권 발전의 전략적 무대가 될 수 있다고 본다.

홀스턴에 따르면 다음과 같은 세 가지 조건이 충족될 때 도시 시민권이 형성될 수 있다. 첫째로는 도시가 가장 기본적인 정치적 공동체가 되어야 하고, 둘째로는 도시 거주가 도시라는 정치 공동체 소속 자격의 기준이 되고 정치적 동원의 기초가 되어야 하며, 셋째로는 도시에서의 경험과 이와 관련된 권리 주장이 시민권의 내용과 실체가 되어야 한다. 도시 시민권은 국가적 시민권을 필연적으로 무력화하거나 대체하지는 않지만 그것을 재구성하며, 국민 아닌 사람들에게도 접근이 허용된다.[163]

홀스턴은 도시 시민권의 가능성을 개발도상국인 브라질의 도시 빈민과 선진국인 미국의 불법 체류자들에게서 발견한다. 브라질의 도시 빈민들은 그동안 형식적 시민권은 있으나 실질적 시민권은 갖지 못한 채 국가 정책에서 배제되어왔으며, 실정법상으로는 불법 주거라는 위법 상태에 있었다. 그러나 이들은 아래로부터의 도시 운동을 통해서 이전에는 존재하지 않았던, 국가 제도 바깥에 있었던 새로운 권리인 주거에 대한 권리를 주장했고 결국 이를 정당한 합법적 권리로 쟁취했다. 도시 빈민들이 자신들의 열악한 주거 문제를 주거 권리라는 형태를 통해 사회 쟁점화함으로써 그 전에는 없었던 시민권의 새로운 내용을 창조한 것이다. 이때 도시 빈민들이 공유한 불법 주거라는 도시 경험이 정치적 동원과 집단적 요구의 토대가 되었다. 결국 도시가 도시 빈민들에게 시민권과 소속감을 부여하는 공동체 단위가 된 것이다.

브라질의 도시 빈민들이 불법 주거의 경험을 공유하면서 이 집단적 경험에서 우러나온 자신들의 요구를 권리로서 주장했다면, 중남미 등지에서 이주한 미국의 불법 체류자들은 불법 체류라는 실정법 위반의 경험을 공유한다. 브라질의 도시 빈민들이 주거 권리를 주장했다면, 미국의 불법 체류자들은 자신들에게 친숙한 언어나 문화를 유지하고 미국 주류 백인 집단과 다른 차별성을 지킬 수 있는 문화의 권리, 차이의 권리를 주장할 수 있다. 국적에 기초한 근대적 시민권을 갖지 못해 국가의 보호를 받지 못하는 불법 체류자에게는 도시에 기반을 둔 새로운 형태의 도시 시민권이 대안이 될 수 있다.

홀스턴이 주장한 도시 시민권은 세계화 시대에 국가 단위의 시민권이 약화되면서 등장하는 여러 가지 대안적 시민권들 중 하나이다. 물론 국가 단위를 넘어 범지구적이고 범인류적인 사안에 대해 의무와 책임을 갖는 코즈모폴리턴 시민권이나 초국가적 시민권이 도시 시민권보다 더 나은 대안이 될 수도 있다. 그런데 이런 형태의 대안적 시민권들이 대체로 각 개인의 자유나 선의를 강조하는 개인주의적 속성이 강한 데 비해, 도시 시민권은 개인보다는 집단적 측면을 강조한다. 그래서 도시 시민권은 현대 사회의 개인주의적·분절적 경향을 극복하고 사회적·공간적 연대를 형성하는 데 유용한 개념이 된다. 도시 시민권은 국가 시민권보다 규모가 작기는 하지만 본질적으로 국가 시민권과 마찬가지로 특정한 공간 단위에 기초한 시민권이다. 자본과 노동의 이동성이 증가한 세계화 시대에도 사람들은 여전히 특정 장소에서 살고 특정 장소에서 생활 경험을 공유하며 특정 장소와 관련된 정체성을 가지고 있다. 하지만 그 정체성은 국가 단위보다 도시 단위일 때 더 의미가 있을 수 있다. 왜냐하면 사람들이 직면하는 일상생활의 문제들에서 국가보다는 도시가 더 가까이 있기 때문이다.[164] 그러나 도시 시민권을 주장한다고 해서 다른 형태의 시민권을 배제하자는 것은 아니다. 사람들이 다양한 관계망 속에서 살고 있으니 다양한 소속감을 인정하자는 것이다. 다문화 사회에서는 다양한 통합 기제가 필요하다. 도시라는 같은 장소에서 일상생활 경험을 공유하는 사람들이 하나의 집단적 소속감을 갖자는 것이 바로 도시 시민권 주장의 요지이다.

보르가르R. Beauregard와 바운즈A. Bounds는 도시 시민권을 구성하는 핵심 요소로 다섯 가지를 제안한다. 첫째, 특정 상류층이 아니라 누구에게나 보장되는 도시의 안전, 둘째, 차이를 인정하고 다문화 민주주의를 가능하게 하는 아량, 셋째, 모든 사람에게 열려 있는 정치 참여, 넷째, 다른 사람들에 대한 인정 및 도덕적 책임감, 다섯째, 자유.[165] 그런데 이러한 도시 시민권이 제대로 실현되려면 그 시민권의 대상이 재산 소유자나 세금 납부자에만 한정돼서는 안 되고 더 넓은 범위로 확대되어야 한다. 또한 중앙 정부나 광역 단위 지방 정부에 대한 도시 정부의 자율성이 확대되어야 한다. 또 소수 전문가들이 운영하는 도시 정부의 업무와 공공 서비스 전달 체계가 개방된 도시 정치의 영역이 되어야 한다.

아이신E. F. Isin 역시 세계화가 민주주의, 시민권, 도시에 어떠한 영향을 미치는지 살펴보면서, 세계화 시대에 민주주의와 시민권을 공간 차원에서, 특히 도시 차원에서 새롭게 생각해봐야 한다고 주장한다. 도시는 원래 민주주의 및 시민권의 실현에 중요한 공간 단위였다. 그런데 최근 탈근대화 및 세계화의 흐름 속에서 국가 단위보다 도시 단위에서, 특히 세계 도시에서 새로운 변화들, 가장 대표적으로 외국인 이주자의 집중 등이 나타나고 있다. 이로 인해 과거에 볼 수 없었던 새로운 갈등들이 도시 차원에서 드러나고 있다. 따라서 민주주의와 시민권의 실질적 내용을 규정하는 장소로서 도시의 역할이 다시 새롭게 부각되고 있다. 역사적으로 시민권이 계급과 집단의 투쟁에 의해 쟁취된 것과 마찬가지로 최근 나타나는 도시 시민권 역시 지금과 같은 세계화 시대에 도시에서 새로운 직업들이 조직되는 것과 관련이 있다. 즉, 도시 시민권이 도시 단위에서 개인적 차원이 아니라 집단적 차원으로 조직화된 직업 집단의 권리 투쟁과 연관되어 있는 것이다.[166]

퍼셀 역시 세계화 과정이 근대 국가에 기초한 시민권 개념에 새로운 변화를 요구하고 있고, 따라서 국민국가의 시민권에 초점을 맞추기보다는 거주자 중심의 도시 정치를 발전시킬 필요가 있다고 본다. 퍼셀은 탈영역화와 재영역화가 세계적 변화의 중요한 특징이라는 브레 N. Brenner의 논의를 따라서[167], 1648년 베스트팔렌 조약 이래 국민국가의 영토 단위로 분할된 시민권의 범위가 현재 변화하고 있다고 본다. 그리고 이를 시민권의 스케일 조정, 시민권의 재영역화, 그리고 시민권의 지향 조정이라는 세 가지 측면으로 개념화한다.[168]

퍼셀이 말한 시민권의 '스케일 조정rescaling'이란 국가 중심의 시민권 범위가 한편으로는 국가를 초월하는 초국적 범위로 확대되고, 다른 한편으로는 한 국가 내 하위 단위인 지역

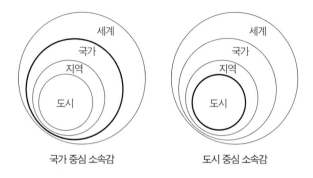

국가 중심에서 도시 중심으로 변화하는 정치적 소속감169

국가 중심 소속감   도시 중심 소속감

이나 도시 단위로 축소되는 것을 의미한다. 시민권의 '재영역화 혹은 영역 조정'이란 국가와 무관한 다양한 시민권 형태가 출현하는 것을 의미한다. 시민권의 '지향 조정'이란 국가가 더 이상 우선권을 갖는 정치 공동체가 아니며 국민을 모두 동일한 정체성과 귀속성을 갖는 집단으로 보기 어렵다는 것을 의미한다. 앞의 그림은 정치적 소속감이 이제 국가 중심에서 도시 중심으로 바뀌는 것을 보여준다.

무페는 국민국가 대신 새로운 형태의 연대감을 가질 수 있는 단위로서 범지구적 단위보다는 도시 단위가 더 낫다고 본다. 범지구적 단위에서는 권리의 요구나 주장은 가능하지만 권리에 반드시 수반되어야 할 의무와 책임을 공유할 기반이 없기 때문이다. 전인류적 시민이라는 개념은 존재할 수 없으며 시민은 항상 영역적 경계 속에서만 존재할 수 있다. 따라서 국가 단위 시민권의 대안으로서 영역적 경계가 없는 범지구적 단위보다는 집단적 정체성을 가질 수 있고 또 권리에 수반되는 의무와 책임을 요구할 수 있는 도시 단위가 더 낫다는 것이다.[170]

5. 도시에 대한 권리 주장의 한계

(1) 도시 개념 및 범위의 혼란

지금까지 '권리' 주장의 유용성을, 그리고 이어서 '도시'라는 단위의 유용성을 살펴보았다. 그럼 이제 도시 단위에서의 권리를 주장한 르페브르 및 그 후예들의 도시에 대한 권리 주장에 대해 제기된 비판들을 간단히 살펴보자.

선진국 인구의 대다수가, 그리고 전 세계 인구의 상당수가 도시에 거주하고 있는 현실에서 도시는 인간의 삶의 매우 중요한 공간이다. 또 르페브르가 언급했듯이 도시는 사회 변혁의 실천 장소로서 유용하다. 그러나 도시에 대한 권리만 주장된다면 도시가 아닌 곳, 예를 들어 농촌에서 사는 사람들은 이 권리에서 배제되는가 하는 의문이 당연히 생기게 된다. 린 헌트Lynn Hunt는 인권은 누구나 인정할 수 있는 자명성이 핵심이며, 모든 이에게 동일하게 적용되는 평등성과 모든 곳에 적용 가능한 보편성이 있어야 인권으로서 인정될 수 있다고 보았다.[171] 그렇다면 도시에서만 적용되는 도시에 대한 권리는 평등성과 보편성이 부족한 것은 아닌가? 도시보다는 오히려 유엔에서 말하는 정주habitat 개념이나 주거의 개념이 보다 보편적이고 일반적인 인간 생활 공간을 뜻하는 개념일 수도 있다. 그런 의미에서 퍼셀은 도시에 대한 권리는 도시 단위를 넘어 공간적 범위를 확장해야 한다고 본다. 즉, 도시에 대한 권리가 도시보다 더 넓은 공간에 대한 권리로, 보다 일반적인 정주에 대한 권리로, 어떤 지역에 살더라도 그곳의 거주자 전체가 그들 자신의 일상생활을 결정할 수 있는 권리로 확장되어야 한다는 것이다.[172] 그렇지 않으면 공간 단위가 작으면 작을수록 무조건 더 좋다는 오류에 빠지게 된다고 경고한다.[173]

그러나 르페브르의 도시에 대한 권리 개념에는 이미 이러한 문제 제기에 대한 답변이 준비되어 있다. 르페브르가 현대 자본주의 사회를 거치면서 인간 사회가 도시 사회로 접어들었다고 말할 때, 그가 말한 도시란 단지 물리적 공간(영어의 city)에 한정된 것이 아니라, 현대 사회의 도시적 생활 양식(영어의 urban society)을 상징하는 것이었다. 르페브르의 도시에 대한 권리란 기존 도시에 대한 권리가 아니라 미래 도시에 대한 권리이며, 전통적 의미의 도시에 대한 권리가 아니라 도시와 농촌 사이의 계층적 구분이 사라지는 도시 사회urban society에 대한 권리이다.[174] 또한 르페브르는 도시 거주자뿐만 아니라 도시 이용자들도 도시에 대한 권리를 가지고 있다고 주장했다. 즉, 주변 지역에서 도시로 출근하는 통근자나 여행객 같은 방문자도 도시에 대한 권리를 가지고 있다는 것이다. 또한 르페브르는 도시에 대한 권리가 세계성을 지향한다는 점을 분명히 했다.[175] 그러므로 르페브르의 도시에 대한 권리가 반드시 특정한 도시 구역에 사는 사람만 누릴 수 있는 제한된 권리나 특별한 권리가 결코 아니라는 것은 분명하다.

그러나 사실 이러한 추상적인 도시 개념, 도시 거주자와 사용자의 개념을 정의하는 것은 현실에서 여러 가지 구체적이고 실무적인 난제와 부딪치게 된다. 예를 들어, 서울이라는 도시에 대한 권리를 생각해보자. 서울에 대한 권리를 주장할 수 있는 사람들을 도시 거주자와 사용자로 확대한다면, 서울이라는 행정 구역에 거주하는 주민등록상의 서울 시민뿐만 아니라 서울로 통근·통학하는 주변 수도권 사람들, 이따금 서울을 방문하는 지방 거주자들, 서울에 처음이자 마지막으로 관광 온 외국인들도 그 권리를 주장할 수 있다. 그렇다고 서울에 상주하는 사람과 이따금 서울을 방문하는 사람에게 똑같은 권한을 줄 수는 없다. 그래서 각 집단에게 차별화된 권한을 주어야 한다면 누구에게 더 많은 권한을 주고 누구에게 더 적은 권한을 줘야 하는가? 또 권한을 어느 정도로 차별화해야 하는가? 이런 식으로, 개념상으로는 쉬운 것이 현실적으로는 매우 어려운 문제들을 야기하게 된다. 공간 규모를 좁혀 우리 동네 골목에 대한 권리를 보더라도 문제가 어렵기는 마찬가지다. 골목과 바로 접한 집에 사는 사람이 외지 사람에게 자기 집 옆 골목에 대한 주차 우선권을 주장한다면 이는 타당한가? 만약 외지인이 골목이 개인 소유의 사적 공간이 아니라 공공 공간임을 주장하며 그 동네 사람과 똑같은 수준의 권리를 요구한다면 이는 부당한 주장인가? 동네 어린이들이 골목을 주차 공간 대신 놀이 공간으로 사용하자고 주장한다면 누구의 주장을 들어주어야 하는가? 공간 규모를 확대해도 어려움은 마찬가지이다. 아마존 정글에 대한 이용권은 아마존 원주민에게 있는가, 브라질 국민에게 있는가? 아니면 세계 인류의 공유 자산으로서 세계 인류 전체에게 있는가? 이처럼 도시에 대한 권리가 현실에서 적용될 때는 여러 가지 매우 복잡한 문제들이 파생된다. 그러나 분명한 것은 어떤 이유에서든 누구는 포함하고 누구는 배제하는 태도를 취하지 않고, 일상생활을 공유하는 사람들은 가능한 한 모두 포함하되, 특히 사회적 약자나 취약 계층에게 동등한 권리를 부여해 사회적·공간적 연대를 강화하자는 것이 도시에 대한 권리에 담겨 있는 핵심 가치이다.

파넬S. Parnell과 피에터스E. Pieterse는 인간의 기본적인 권리, 즉 인권을 강조하는 것이 신자유주의의 대안이 될 수 있으며, 인권 주장이 새로운 담론 대안으로 설득력을 얻기 위해서는 다양한 공간 규모scale에서 상호 연관된 실천들이 동시에 이루어져야 한다고 본다. 예를 들어, 빈곤을 줄이려면 개인 차원뿐만 아니라 동네 차원, 도시 차원, 광역 도시권 차원, 국가적 차원, 세계적 차원에서의 권리 증진 노력들이 상호 결합되어야 한다. 그런데 그동안의 논의들은 개인 차원의 권리에만 초점을 맞추었다는 한계가 있었다. 따라서 민주주의의 심화와 사회 경제적 향상을 위해서는 개인 차원의 권리 확보에서 한 걸음 더 나아가 도시에 대한 권리를 주장해야 한다. 파넬과 피에터스에 따르면 도시에 대한 권리는 개인 차원의 권리인 1세대 인권을 넘어서 공간 규모가 확장된 2세대, 3세대, 4세대 인권과 관련된다. 그들은 인권이 이렇게 공간 규모를 확장하면서 진화하고 있고, 또 그래야 한다고 본다.

1세대 인권: 개인 차원의 권리(투표권, 건강권, 교육권 등)

2세대 인권: 주거 서비스 차원의 권리
(주택, 물, 에너지, 쓰레기 처리에 대한 권리 등)

3세대 인권: 마을 혹은 도시 차원의 권리
(안전, 쾌적성, 대중교통에 대한 권리 등)

4세대 인권: 외부에서 유발된 인위적 위협으로부터의 자유
(전쟁, 경제 침체, 기후 변화 같은 위협으로부터 벗어날 자유)176

(2) 여성주의적 시각에서의 비판

한편 르페브르류의 도시에 대한 권리 주장이 성 차별적 문제를 무시하고 있다는 여성주의자들의 비판도 제기되고 있다. 여성주의자들은 전통적 시민권 개념이 공적 영역과 사적 영역을 구분하는 이분법적 사고에 바탕을 두고 있기 때문에, 사적 영역에 속하는 것으로 간주된 여성들을 구조적으로 배제하고 있다고 비판해왔다.[177] 르페브르가 일찍이 차이에 대한 권리를 선구적으로 언급했다는 점에서 그의 생각은 차이를 강조하는 여성주의적 관점과 상당히 부합한다. 그러나 펜스터T. Fenster에 의하면 르페브르의 도시에 대한 권리 개념 역시 기본적으로 도시를 공공 영역에 한정해 바라보고 있기 때문에, 사적 영역에서 가부장적인 권력 관계로 고통받는 여성의 문제를 등한시한다는 비판에서 자유롭지 못하다.[178] 도시에 대한 권리 주장이 흔히 공적 영역으로 알려진 도시 공공 공간에만 관심을 가지기 때문에, 흔히 사적 영역으로 알려져 있는 가정에서의 문제, 예를 들어 가정 폭력 같은 문제에 대해서는 침묵할 수 있다는 것이다. 또한 공적 영역인 도시 공공 공간에서조차 가부장적 문화와 관행이 지배함으로써, 여성들이 도시의 거리나 공원이나 대중교통 이용에서 상당한 제약——예컨대, 야간에 도시를 이용하는 것을 두려워하며 실제로 야간에 도시를 이용하다가 당하는 피해——을 받고 있음을 무시하는 경향이 있다는 것이다. 여성주의자들의 시각에서 보면 기존의 인권 개념에 내재한 성적 편견의 문제가 공적 영역을 강조하는 르페브르의 도시에 대한 권리 개념에서도 여전히 해소되지 못하고 있다. 따라서 도시에 대한 권리 주장이 여성과 같은 사회적 소수자를 포함하는 보다 보편적인 권리 주장으로 인정받기 위해서는 가정과 같은 사적 공간의 억압성에 대한 관심과 함께 가부장적 도시 문화 전반에 대한 성찰이 덧붙여져야 한다.[179]

하지만 여성주의 시각을 가진 이현재는 매춘 여성과 같이 사회에서 도덕적으로 비난받고 도시 공공 공간에서 추방되거나 주변화되는 사회적 소수자를 보호하기 위해서는 르페브르의 도시에 대한 권리 개념이 상당히 유용하다고 주장한다. 그에 따르면 매춘 여성의 권리를 보호하는 데는 캐럴 페이트먼, 샹탈 무페, 아이리스 영처럼 시민권의 개념을 확장하는 방법도 있지만, 이 경우는 여전히 시민권이 국가라는 제도 속에서 작동한다는 점으로 인해 국가 규범 바깥에 있는 매춘 여성들을 보호하는 데 한계가 있다. 따라서 매춘 여성들의 입장에서는 국민이 아니라 도시 주민의 자격으로 도시에서 자신들의 공간을 만들어나갈 권리인 도시에 대한 권리 주장이 더 유용하다는 것이다.[180]

한편 생명 정치적 관점에서 주권 개념의 새로운 재구성을 시도하고 있는 아감벤의 논의에 비추어본다면, 도시와 도시 거주자에게 초점을 맞춘 르페브르의 도시에 대한 권리 개념은 나치 독일의 강제 수용소나 현재 미국의 관타나모 수용소와 같은 법의 공백 상태, 즉 '예외 상태'에 처한 '벌거벗은 생명nuda vita'들을 누락할 수밖에 없다는 한계, 즉 가장 열악한 공간에서 가장 절박한 상태에 놓여 있는 사람들에게 아무런 도움도 줄 수 없다는 한계를 가지고 있다고 볼 수도 있다.[181] 하지만 도시에 대한 권리가 세계의 모든 문제를 해결할 수 있는 만병통치약인 것은 아니다.

도시에 대한 권리 개념의 유용성은 사람들이 살아가는 일상생활의 공간 단위에서 표출되는 다양한 문제들에 주목한다는 데 있다. 그리고 이러한 문제들을 주민 각자가 알아서 해결해야 할 개인적 사안이 아니라 사회적으로 함께 해결해야 할 집단적 사안으로 간주한다는 데 있다. 또한 이러한 문제들이 해결되어야 하는 것은 사회적 약자에 대한 보살핌이나 시혜의 필요성 때문이 아니라, 주민으로서 당연히 누려야 할 보편적 권리 때문이라고 간주하는 데 있다.

6. 일본의 혁신 자치체와 시빌 미니멈 정책 사례

도시 단위에서의 권리 주장과 관련해 우리에게 유용한 시사점을 줄 수 있는 사례로 1960년대에 이웃 일본에서 시행되었던 시빌 미니멈civil minimum 정책이 있다.[182] 비록 다른 나라에서 상당히 오래전에 시행되었던 정책이지만 그럼에도 불구하고 지금 우리가 눈여겨볼 만한 개념과 구체적 내용들이 많다. 1960년대에 일본에서는 보수 성향의 자민당이 중앙 정부를 장악한 가운데 고도의 경제 성장이 이루어지고 있었지만 급격한 산업화·도시화에 따른 여러 가지 부작용도 드러나기 시작했다. 대도시 지역에서는 도시화에 따른 일상적 도시 문제들 때문에, 일부 지방에서는 대규모 공장 유치로 인한 부작용, 특히 심각한 공해 문제 때문에 주민들의 불만이 고조되고 있었다. 중앙 정치에서 자민당에 계속 패배하던 일본의 진보·혁신 세력들은 이러한 상황에서 중앙에만 몰두할 것이 아니라 주민 생활의 실질적 토대인 지역에서부터 민주주의의 뿌리를 내리는 것이 중요하다고 보았다. 그리고 지방 선거에서 이겨 지방 자치 단체의 정책을 변화시키고 주민의 복지와 권리 수준을 높임으로써 결국 중앙 정부의 정책을 바꿀 토대를 마련할 수 있다고 생각했다.

1963년 일본의 지방 선거 결과 진보·혁신 성향의 지방 자치 단체장이 다수 당선되었고 이들은 다음 해에 전국혁신시장회를 결성했다. 1967년 선거에서는 일본의 수도 도쿄 지사에 혁신계 인사인 미노베가 당선되었고, 1970년대 중반에는 이른바 '혁신 자치체'로 분류되는 지역의 인구가 일본 전체 인구의 거의 절반에 달할 정도로 세를 확대했다.[183] 일본의 수도 도쿄를 비롯해 여러 지방 자치 단체를 장악한 진보적 성향의 자치 단체장들은 그동안 보수 세력이 독점해온 중앙 정부에 순응하기보다는 진보적이고 혁신적인 새로운 정책들을 들고 나와 중앙 정부와 긴장과 갈등을 빚었다. 그러나 결과적으로 이러한 과정을 통해 일본의 지방 정부는 물론 중앙 정부 차원에서도 정책이나 관행에 많은 긍정적 변화가 일어났다.

당시 일본의 혁신 자치체가 들고 나온 대표적인 진보적 정책 아젠다가 바로 시빌 미니멈이었다. 시빌 미니멈이란 말 그대로 시민 생활의 최저 기준을 의미하는 것으로서, 도시에서 생활하는 시민들이 안전 및 건강, 능률적이고 쾌적한 도시 생활을 영위하는 데 필요한 최저 조건으로 정의된다.[184]

시빌 미니멈 개념을 처음 주장했다고 알려진 마쓰시타에 의하면 현대 도시에서는 각 개인들의 소득을 보장해줄 수 있는 노동권뿐만 아니라 다음 세 영역에서의 시빌 미니멈에 대한 공공 정비가 필요하다.

첫째, 노후 보장, 건강 보험, 생활 보호 등 복지 정책을 포함하는 사회 보장, 즉 생존권.

둘째, 시민 편의 시설, 공영 주택 등 도시 정책을 포함하는 사회 자본, 즉 공용권.

셋째, 공공 위생, 식품 위생, 공해 등 환경 정책을 포함하는 사회 보건, 즉 환경권.

이 세 가지 권리가 생활권이 되고, 여기에 각 개인의 소득을 보장하는 노동권이 합쳐지면 사회권이 되고, 이 사회권과 자유권이 합쳐져 기본 인권을 이룬다. 이때 지방 자치체는 시빌 미니멈을, 국가는 내셔널 미니멈을, 국제기구는 인터내셔널 미니멈을 통해 시민 생활의 최저 기준을 세우자는 것이다. 이미 일본 헌법 25조에 "건강하고 문화적인 최저한도의 생활을 영위할 권리"가 강조돼 있고 국제적으로도 국제 인권 규약이 있기 때문에, 지방 차원에서 시빌 미니멈이 보장된다면 인권은 지방, 국가, 세계 차원에서 확립될 수 있는 것이다.[185]

이론이 아닌 현실에서 시빌 미니멈 개념이 주목받게 된 것은 1967년 도쿄 지사에 당선된 미노베 지사가 1968년 발표한 '도쿄도 중기 계획'의 핵심 개념이자 목표로 시빌 미니멈을 강조하면서부터였다. 당시 도쿄도 중기 계획에서는 시빌 미니멈 개념이 필요한 이유를 다음과 같이 설명했다. 첫째, 중앙 정부가 보장하는 내셔널 미니멈이 국민 생활 수준에 비해 매우 낮고, 이 때문에 현실 행정에서는 내셔널 미니멈의 보장이 단순히 이념에 그치고 있다. 둘째, 도시 생활에 필요한 최저 조건은 국민 생활 일반의 최저 조건으로 해소되지 않는 특수성이 있는데도 불구하고 대도시에 필요한 행정 수준은 딱히 정해진 것이 없었다. 따라서 새롭게 시빌 미니멈의 개념을 고안한 것은 도쿄도 도민 생활의 상태에 적합한 행정 기준을 추구하고 이를 통해 이른바 새로운 혹은 진정한 내셔널 미니멈을 도쿄도에서 구현하기 위함이다. 이런 배경에서 도쿄도 중기 계획에서는 각 영역별로 시빌 미니멈을 설정하고 현실 조건과 시빌 미니멈 사이의 격차를 해소해가는 것을 도정의 당면 목표로 삼았던 것이다.[186]

당시 도쿄도의 대표적인 시빌 미니멈 정책 중 하나가 노인 의료비 무료화 정책이었다. 도쿄도에서 처음 실시한 이 정책이 큰 인기를 얻자, 일본의 다른 지자체도 속속 이를 도입했고, 결국에는 중앙 정부가 이를 국가 정책으로 삼기에 이르렀다. 공해 기준과 관련해서도 도쿄도는 당시 일본의 국가 기준에는 없었던 질소산화물 기준과 함께, 일본 국가 기준보다 22배나 엄격한 황산화물 기준을 시빌 미니멈으로 설정하고 이를 조례로 제정했다. 일본 중앙 정부는 이것이 위법이라며 조례를 철회하도록 도쿄도에 압력을 가했으나, 국내외적으로 공해 반대 여론과 운동이 고조되면서 결국 도쿄도 조례와 같은 수준으로 법을 개정하게 된다. 그 밖에 노인 생활수당 신설, 보행자 위주의 도시 정비, 대중교통 이용 활성화를 위한 지하철 건설 등이 미노베 지사가 이끄는 도쿄도 도정의 대표적인 혁신 정책들이었다. 시빌 미니멈 정책은 '도로 건설이 전부'라는 식이었던 종래의 도시 계획 관행에도 큰 전환을 가져왔다. 시빌 미니멈에 입각한 도시 계획에서는 시빌 미니멈 기준에 맞게 주택, 학교, 의료 시설, 관공서, 공원 등 각종 도시 시설을 계획적으로 배치하는 것을 목표로

했다.[187]

아울러 미노베의 혁신 도정은 주민 참여를 강조했다. 가시적인 행정의 결과보다는 행정의 주인이라고 할 수 있는 도민의 참여 과정을 중시했고, 참여를 '운동으로서의 민주주의'라 파악하고 도정의 체질 개선 및 현상 변혁의 추진력으로 간주했다.[188] 이후 연속해서 3선에 성공하여 총 12년을 집권한 미노베 지사는 과거 보수 성향의 도쿄 도지사가 집권했던 기간에 비해 괄목할 만한 성과를 이루었고, 국가가 보장하는 내셔널 미니멈보다 훨씬 높은 수준을 달성했다. 일본의 다른 혁신 자치체들도 시빌 미니멈 개념에 입각해 '주민 복지 및 생활 환경 지표'를 만들었고 1970년에는 전국혁신시장회가 이를 혁신 도시 가꾸기 강령으로 채택하기에 이르렀다.[189]

이러한 아래로부터의 진보적 압력에 대응하기 위해 1972년 자민당 정부의 다나카 수상은 '일본 열도 개조 계획'을 주창했다. 고속 철도(신칸센) 건설 등과 같은 중앙 정부 주도의 막대한 공공 투자를 통해 태평양 연안에 집중된 부와 산업을 전국 각지로 확산시켜 낙후 지역을 발전시키겠다는 다나카의 발상은 상대적으로 성장의 혜택을 입지 못한 낙후 지역에서 큰 호응을 얻었다. 막대한 국가 비용을 들여 건설된 신칸센은 토목 건설업의 호황을 가져왔을 뿐만 아니라, 그 지역 주민들의 자민당 지지를 이끌어내는 데 유효한 역할을 했다. 동시에 자민당은 균형 발전을 명목으로 대도시에 대한 재정

지원은 삭감했다. 그 바탕에는 혁신 세력이 우위를 차지하게 된 도시 지역을 재정적으로 압박해 혁신 자치체에 타격을 주는 동시에 낙후 지역에서 자민당의 기반을 강화하려는 정치적 의도가 있었다.[190]

1970년대에 들어서면서 전후 지속되던 일본의 고도 성장세가 꺾이기 시작했다. 1973년의 오일 쇼크는 일본 경제에 큰 타격을 주었고, 일본 자민당 정부의 막대한 공공 투자 정책과 겹쳐 극심한 스태그플레이션으로 이어졌다. 세수가 줄어들면서 중앙 정부와 지방 정부의 재정이 압박을 받게 되었다. 도쿄도를 비롯한 각 혁신 자치체가 시빌 미니멈을 확대하기가 재정적으로 어려워졌다. 한편 자민당이 장악한 일본 중앙 정부는 지자체 재정의 방만함을 문제 삼았는데, 특히 혁신 자치체, 그중에서도 가장 대표적인 도쿄 혁신 도정을 집중적으로 비난했다.[191]

일본 경제가 고도 성장에서 저성장으로 전환되고 스태그플레이션 시대로 접어들면서 오히려 보수 진영의 주장이 일반 주민들에게 더 설득력을 얻게 되자 도쿄도를 비롯한 일본의 여러 혁신 자치체들은 지방 선거에서 패배를 거듭했으며, 그 결과, 이들이 내건 혁신 정책들도 점차 쇠퇴하게 되었다.

일본의 혁신 자치체들과 함께 시빌 미니멈 정책이 쇠퇴하게 된 원인으로는 다음과 같은 몇 가지 약점이 지적된다. 우선, 혁신 자치체의 시빌 미니멈 실현에 필요한 지방 재정 확보의 문제였다. 상대적으로 재정 상태가 괜찮은 대도시에서는 가능한 정책이 재정이 어려운 낙후 지역에서는 불가능했다. 그래서 시빌 미니멈 구상은 대도시 편향적이라는 비판을 받았다. 또한 밑에서부터 분출하는 주민들의 다양한 요구를 지방 재정이 감당할 수 없게 되었다. 당시 혁신 자치체의 입장에서 제일 어려운 문제는 지방 재정의 한계로 주민들의 요구를 예산에 반영할 수 없다는 것이었다. 주민들 스스로가 권리에 따르는 책임 의식, 즉 더 많은 세금을 부담할 생각은 없이 위로부터의 온정과 시혜만을 기대하는 의식이 잔존하는 상태에서 책임 없이 무작정 요구만 하거나 각자 서로 다른 것을 요구하는 주민 운동, 배타적인 지역 이기주의의 형태로 나타나는 주민 운동을 혁신 자치체는 감당하지 못했다.[192]

또한 당시 혁신 자치체에 기대되었던 것이 고도 경제 성장의 부작용이라고 할 수 있는 공해 문제와 부실한 복지 문제의 해결이었던 까닭에, 산업 경제 분야는 당시 혁신 자치체의 주요 정책 과제가 되지 못했다. 산업 경제 정책에 취약했던 혁신 자치체는 고도 성장이 끝나고 저성장 시대로 접어들면서 점차 쇠퇴하기 시작했다. 특히 구조적 불황 속에서 어떻게 효과적인 고용 및 산업 정책을 구현해나갈 것인가의 문제를 해결하지 못했고 그로 인해 주민들의 지지를 잃게 되었다.[193]

하지만 일본의 혁신 자치체와 시빌 미니멈 정책은 당시의 일본 사회를 크게 변화시키는 데 기여했다고 평가된다. 도시와 지역에서 시작된 시빌 미니멈 운동은 결국 일본 국가 전체의 내셔널 미니멈을 향상시키는 결과를 가져왔다. 나아가 각 개인의 일상생활에서 기본적 인권을 실현하는 것이 바로 지방 정부의 목적이자 존재 이유라는 인권 지향적 지방 정부론을 정립하는 데 초석이 되었다. 이러한 시각을 가진 대표적 학자인 이케가미에 따르면, 기본적 인권은 각 개인에게 보장되어 있고, 각 개인의 생활 양태가 다르므로 인권의 실현 방법도 다를 수밖에 없으며, 따라서 각 개인의 생활 터전에서 각 개인의 생활 양태를 이해하면서 인권을 실현할 수 있는 조직, 즉 지방 정부가 필요하다.[194]

이미 1997년에 일본의 '지방 자치 헌장을 추진하는 모임'이 제안한 일본의 '지방 자치 헌장(안)'에는 일본 헌법이 보장하는 여러 가지 기본적 인권이 지역의 일상 안에서 구체적으로 보장되어야 한다는 정신이 담겨 있다. 지방 자치 헌장 제1조 제1항에는 모든 주민은 자신이 생활하는 지역에서 인간으로서 존중받고 평화적으로 살 권리, 건강하고 문화적인 생활을 영위할 권리 등 일체의 기본적 인권을 가진다고 쓰여 있고, 제1조 제2항에는 지방 자치 단체는 헌법이 보장하는 기본적 인권을 실현하기 위해 끊임없이 노력해야 한다고 쓰여 있다.[195] 도시나 지역 단위에서 주민들의 권리에 대한 관심은 이웃 일본이 우리보다 훨씬 앞서 있고 배울 점이 많다.

제 4 장 ———— 우리나라 도시 권리 운동의 가능성과 과제

1960년대에 르페브르가 주장한 도시에 대한 권리 개념이 그의 모국 프랑스는 물론 세계 여러 나라에 영향을 미쳤고, 또 최근 들어 다시 세계적으로 재조명을 받고 있지만, 아쉽게도 우리나라에는 이와 관련된 논의가 제대로 소개되지 못했다.[196] 그러나 도시에 대한 권리 개념이 잘 알려져 있지 않다고 해서 우리나라에서 이와 관련된 실천 운동이 없었던 것은 아니다.

 이 장에서는 그동안 도시에 대한 권리와 관련된 영역에서 진행된 우리나라 실천 운동의 흐름들을 정리해보고, 우리 사회에서 도시 권리 운동의 가능성과 의의를 살펴보고자 한다. 우선 먼저 우리나라의 전반적 인권 상황을 간단히 짚어보자.

1. 경제 성장 수준보다 뒤처진 인권 수준

우리나라는 다른 나라들이 부러워할 정도로 짧은 시간 동안 압축적인 경제 성장을 이룩했다. 그래서 이제 선진국의 문턱에 진입했다. 하지만 우리의 전반적인 사회 발전 수준이 경제 성장 수준에 맞먹는지에 대해서는 의문의 여지가 많다. 특히 인권 측면에서 그렇다.

외관상 우리나라는 건국 직후부터 기본적 인권 보호를 위한 제도적 틀을 제법 잘 갖추고 있었다. 1948년 7월 17일에 제정된 제헌 헌법은 당시 극도로 열악했던 우리나라의 정치 경제적 상황에도 불구하고 국민의 기본권을 보장하는 내용을 체계적으로 담고 있었고, 일부 조항은 지금보다도 오히려 더 급진적이었다.[197] 하지만 서구 국가의 헌법 조항들이 단순한 문서 조항이 아니라 국민들의 투쟁과 피의 대가로 쟁취된 것인 데 반해 우리의 제헌 헌법은 외국의 것을 모방해 위로부터 이식된 것으로서, 헌법의 내용을 담보해줄 사회적 주체들의 역량이나 의식은 제대로 형성되지 못한 상태였다. 이러한 근본적 한계 때문에 당시 헌법 조문에 담겨 있던 훌륭한 내용들은 하위 법률에서 구체화되지 못했으며, 다행히 구체화되었다 하더라도 생활 현장에서 제대로 지켜지지 못했다.

한국 전쟁과 이승만 독재, 그에 뒤이은 오랜 군사 정권 시절 동안 우리나라 헌법에 담긴 국민의 기본권 조항은 유명무실했고 독재 권력에 의해 끊임없이 침해되었다. 단적인 예로, 우리 헌법에 담겨 있는 고문 금지 조항은 수시로 고문을 자행한 국가 권력 기관들에 그 어떤 통제력도 발휘하지 못했다.

그러나 4.19, 5.18, 6.10 항쟁으로 이어지는 민주주의와 인권을 요구하는 국민들의 투쟁에 의해 헌법 조문에만 담겨 있던 국민의 기본적 권리들이 점차 현실에서도 구현되기 시작했다. 인권에 대한 사회적 인식이 조금씩 높아졌고, 하위 법률에 있던 인권 침해 독소 조항들도 점차 개선되었다. 민주화 이후 우리나라는 주요 국제 인권 협약에 가입하고 국가인권위원회도 설립했다. 인권 탄압 국가라는 오명에서도 벗어나기 시작했다. 김대중, 노무현 정부를 거치면서 자유권으로 통칭되는 정치적·시민적 권리는 상당한 수준으로 보장되었다. 그러나 사회권으로 통칭되는 경제적·사회적·문화적 권리는 여전히 우리나라의 경제 성장 수준에 비해 상당히 뒤처져 있다.

현재 우리나라 인권 상황을 가장 압축적으로 보여주는 것이 바로 우리나라에 대한 유엔의 인권 침해 시정 권고 사항이다. 유엔 사회권위원회는 2001년 우리나라에 노동권, 주거권 등과 관련된 11개 사항의 인권 침해에 대한 시정을 권고했으며, 2008년에는 더 많아진 30개 사항의 시정을 권고

했다. 그중 6개 사항은 2001년에도 지적받았으나 시정되지 않은 사항들이다.

이명박 정부가 들어선 후에는 오히려 우리나라 인권 수준이 거듭 퇴행하고 있다. 그동안 미흡했던 사회권은 말할 것도 없고, 민주화 이후 어느 정도 보장되던 시민적·정치적 권리마저 침해되는 일이 잦아지고 있다. 평화로운 촛불 시위 탄압, 양천 경찰서 고문 사건, 총리실 민간인 불법 사찰 등이 이명박 정부 때 발생한 대표적인 자유권 침해 사례라면, 용산 재개발 지역 참사는 사회권 침해의 대표적인 사례라 할 것이다. 제도적 차원에서도 후퇴가 잇따랐다. 국가인권위원회의 조직과 역할을 축소하고 부산·대구·광주 세 곳에 있는 국가인권위원회 지역 사무소를 폐쇄하기로 했기 때문이다. 이러한 인권 퇴보 흐름에 대한 시민 사회 단체와 인권 단체들의 반발과 저항은 당연한 것이었다. 2009년 12월 10일 인권의 날에 한국 인권 단체들은 이명박 대통령과 현병철 국가인권위원장에게 '인권 추락상'을 수여했다. 2010년 가을에는 현병철 위원장의 정파적이고 독선적인 인권위원회 운영에 반발해 인권위원회 상임위원과 비상임위원들이 무더기로 사퇴하기도 했다.

이처럼 우리나라는 헌법, 법률, 국제 협약, 국가인권위원회 등 형식적으로는 제법 인권 보장의 틀을 갖추고 있지만 일상생활에서의 인권 실현 수준은 여전히 낮은 편이다.[198] 그렇다면 아직까지 국민의 기본권도 제대로 보장되지 않는 우리나라 인권 상황에서, 우리에게 생소한 개념인 도시에 대한 권리를 주장하는 것은 어떤 의의와 가능성이 있을까? 이 문제를 짚어보기 위해 먼저 우리 사회에서 도시에 대한 권리와 밀접히 관련되어 있는 실천 운동들의 흐름과 성과, 한계를 간단히 짚어보기로 하자.

2. 도시에 대한 권리와 관련된 실천 운동들

- 1971년 8월, 광주 대단지(현 성남시) 강제 이주 주민 시위
- 1984년 목동, 1985년 사당동, 1986년 상계동 철거민 시위
- 1995년 1월, 네팔인 산업 연수생 명동 성당 농성
- 2002년 9월, 장애인의 이동권 보장을 요구하는 지하철 선로 점거 시위
- 2003~2004년, 이주 노동자 강제 추방 저지와 체류 합법화 요구를 위한 명동 성당 농성
- 2009년 1월, 용산 재개발 지역 철거민 농성 및 강제 진압 과정에서 철거민 5명, 경찰 1명 사망

이는 우리나라에서 도시에 대한 권리와 깊은 관련이 있는 실천 운동 과정에서 나타난 중요한 사건들이다. 이 사건들의

공통점은 우리의 도시에서 생존을 위협당하는 절박한 상황에 몰린 사회적 약자들이 더 이상 참을 수 없는 불만들을 극단적 방식으로 표출했다는 것이다. 이들의 생존을 위협하게 된 원인이 합법적이었던 데 비해 이들의 문제 제기 방식은 오히려 불법적이었다는 것도 공통점이다. 그래서 문제를 제기한 운동 주체들은 범죄자가 되어 법적 처벌을 받았다. 하지만 이들의 극단적인 문제 제기는 사회적 관심을 이끌어냈고, 여론의 지지를 받았으며, 결과적으로 관련 제도와 법규, 행정 관행들을 개선하는 데 크게 기여했다.

물론 우리나라에서 도시에 대한 권리와 관련된 운동들이 모두 이처럼 살벌한 투쟁으로 이루어진 것은 아니었다. 피켓 시위나 집단 서명 같은 상대적으로 평화로운 방식을 통해서 소기의 성과를 달성한 사례들도 많다. 서울시 보행권 조례 제정 운동, 2003년의 성미산 지키기 운동 등이 대표적이다. 그러나 분명한 것은 도시에 대한 권리와 관련된 어떤 형태의 진전도 공짜로 이루어지지 않았다는 것이다. 도시에서 사회적 약자가 요구하는 권리 주장의 대부분은 강자가 가지고 있던 기득권이나 특권들과 충돌한다. 우리 도시에서 시민들의 권리와 관련해 조금이라도 진전이 있었다면, 그 뒤에는 반드시 새로운 권리를 인정해줄 것을 요구하고 그 뜻을 관철하기 위해 적극적으로 행동에 나섰던 사람들의 헌신적인 노력이나 희생이 있었다.

(1) 주거권 확보 운동

우리나라에서 도시와 관련된 권리들 중 가장 치열한 갈등과 투쟁을 수반한 영역이 바로 주거와 관련된 영역이다. 앞서 살펴본 브라질이나 다른 제3세계 국가들과 마찬가지로 우리나라 역시 한국 전쟁 이후 급속한 도시화 과정을 겪었고, 그 과정에서 농촌을 떠나 도시로 몰려온 많은 이농민들이 대도시 주변에 무허가 정착촌을 형성하게 되었다. 그러다가 도심 재정비, 도로 건설, 중산층 주택 건설을 위해 무허가 정착촌의 강제 철거 정책이 시행되었고, 철거 대상 주민들은 생존권 차원에서 철거 반대 투쟁을 전개했다.

1971년의 광주 대단지 사건은 서울시가 무허가 판자촌을 정리하기 위해 그곳에 거주하던 주민들을 지금의 성남시인 당시 광주 대단지로 집단 이주시키면서 아무런 생활 대책도 세워주지 않자 이에 분노한 주민들이 들고일어난 사건이다. 이 사건은 당시 우리나라에서 진행되던 급속한 도시화 과정의 문제점 및 당국의 무능하고 반인권적인 대응의 문제점을 상징적으로 보여줬다.

1980년대에 서울의 여러 지역에서 일어난 철거민 시위는 당시 서울에서 대대적으로 추진된 불량 주택 재개발의 광풍 속에서 아무런 생존 대책 없이 쫓겨나게 된 주민들이 철거 반대와 합리적 보상을 주장하며 발생했다. 철거 반대 투쟁 과정에서 경찰과 폭력 대행업체의 강경 진압으로 인해 수십 명이 죽고, 수백 명이 다치고, 또 수십 명이 구속되었다. 당시는 1988년의 서울 올림픽을 앞두고 대대적인 도시 재개발이 추진되던 시기이자 3저 호황이라는 한국 경제의 상대적 호경기 속에서 서울의 주택 가격 및 전월세 가격이 폭등하던 시기였다. 철거민들의 사활을 건 투쟁과 함께 도시 서민들의 사회적 불만이 고조되자 정부도 문제의 심각성을 인식해 대응책을 내놓기 시작했다. 주택 공급을 위한 주택 200만 호 건설 같은 정부의 적극적 개입이 시작되었고, 재개발 과정에서 세입자의 권리를 일부 보호하는 정책이 세워지는 등 진전이 이루어졌다. 그리고 당시 세계주거회의에서 논의된 주거권의 내용이 국내에 알려지면서 주거권에 대한 사회적 인식이 점차 높아졌다.[199]

주거권이란 적절한 주거에 대한 권리, 즉 인간으로서의 존엄과 가치를 유지하는 데 필요한 최소한의 주거 수준을 누릴 권리이다. 주거권이 중요한 이유는 주거가 가장 기본적인 인간 행위이기 때문이다. 주거는 평화로운 휴식이며, 개인과 가족, 이웃, 지역 사회와 관계를 맺는 것이다. 이를 위해서는 부당하게 개인의 사생활이 침해되어서는 안 되고, 비자발적인 퇴거나 철거의 위협에 처하지 않아야 한다.[200] 그래서 주거권은 기본적 인권에 속한다.

주거권에서 말하는 주거는 우선 일차적으로는 물리적 거처로서의 주택을 의미한다. 이때 주택은 거주자가 적절한 생활을 영위하는 데 필요한 최소한의 공간과 함께 전기, 상하수도 등 편의 시설과 서비스를 갖춘 집을 의미한다. 그렇지만 주거는 주택이라는 물리적 개념보다 더 넓은 사회적 의미를 가지고 있다. 주거의 개념에는 일자리와 기본적인 편의 시설에서 멀지 않은 적절한 입지, 부담 가능한 적절한 비용, 주변의 사회적 연계망 같은 삶의 조건이 포함된다.[201] 주거권을 구성하는 구체적인 요소들에는 비바람과 추위 등을 막을 수 있고 최소한의 공간을 보장하는 물리적 최저 기준, 강제 퇴거의 위협으로부터 임차 기간을 보호받을 수 있는 점유의 안전성, 물·전기·햇빛·도로 같은 적절한 주거 기반 시설 및 서비스, 경제적·문화적 적절성, 적절한 위치와 접근 가능성 등이 포함된다.[202]

그동안 우리나라에서 주거권에 관한 학술적 논의를 주도한 곳은 한국도시연구소이다. 도시 빈민 운동 현장과 밀접하게 연계돼 있는 이 연구소는 주거권에 대해 꾸준히 연구해왔고, 최근에는 국가인권위원회와 함께 주거권에 대한 보고서를 만들기도 했다.[203] 사회 운동 진영에서는 과거의 한시적 철거 반대 운동을 넘어 인간의 기본권으로서 주거권 실현을 목표로 삼는 '주거권 실현을 위한 국민연합'이 결성되었다. 이런 실천 운동의 성과로 우리나라 주택 도시 관련법에 주거권 내용을 담은 일부 조항들이 첨가되었다. 최근에는 도시 재개발이나 재건축 과정에서 인간의 기본권으로서 주거권을 당당하게 요구하는 목소리가 높아지고 있다.

그러나 아쉽게도 우리 사회는 아직도 국민의 생존에 필수적인 기본적 주거권을 보장해주지 못한다. 가장 기본적인 주거권 침해라고 할 수 있는 강제 철거가 여전히 공공연하게 벌어지고 있다. 또 어느 정도 사회적으로 공유되었다는 주거권 개념도 아직까지는 주택이라는 물리적 시설 위주로만 이해되고 있어서, 사회적·경제적 주변 환경까지를 포함한 보다 폭넓은 개념으로 확장될 필요가 있다.[204]

2009년 1월 재개발 사업으로 쫓겨나게 된 상가 세입자들이 생존권 대책 없는 철거에 저항하며 농성을 벌이다 경찰의 강제 진압 과정에서 농성자 5명과 경찰 1명이 사망한 용산 참사는 OECD 가입국인 우리나라에서 유엔이 거듭 경고한, 매우 심각한 인권 침해인 구시대적 강제 철거 관행이 아직도 개선되지 않고 있음을 단적으로 보여준 사건이었다. 그런데 용산 농성자들은 자신들이 살던 주택이 철거되면서 생겨난 세입자들이 아니라, 영업하던 상가가 철거되면서 쫓겨난 상가 세입자들이었다. 그들의 요구 사항은 생존권 차원에서 자신들의 영업 활동이 중단된 것에 대해 보상해달라는 것이었다. 주거 세입자의 경우 일터에서는 쫓겨나지 않지만, 상가 세입자의 경우 일터에서 쫓겨나 생계 대책이 더 막막하다는 것이 이들의 주장이었다. 그러나 이들의 요구는 묵살되었다. 현재 우리의 실정법은 이들에게 아무런 권리도, 생계 대책도 보장해주지 못한다. 용산 참사는 오랫동안 요구되어온 강제 철거 관행의 철폐와 아울러 상가 세입자의 영업권이라고 하는 우리 도시가 해결해야 할 또 하나의 새로운 과제를 던져 주었다.[205]

(2) 보행권과 장애인 이동권 운동

우리나라는 물론 세계 대부분의 나라에서 자동차는 주택 다음으로 중요한 사유 재산이다. 이동 수단으로서 자동차가 갖는 여러 장점 때문에 각 가정이나 개인의 자동차 소유는 갈수록 증가한다. 그러나 자동차는 운행을 위한 도로와 주차를 위한 주차장을 필요로 하기 때문에 상당한 규모의 도시 공간을 점유한다. 선진국 도시의 경우 도로율로 표시되는 도로 공간이 전체 도시 면적의 30~40퍼센트에 달한다. 그리고 도로 공간을 위해 도시의 다른 공간인 주거 지역이나 녹지가 훼손된다. 또 자동차 운행은 에너지 과소비, 공해 물질 배출, 교통사고 등 여러 가지 부작용을 낳고 있다.

셸러M. Sheller와 어리J. Urry에 따르면, 자동차로 이동하게 된 현대 사회는 이동성 측면에서 인류 역사상 가장 불평등한 사회이다.[206] 자동차 소유자와 비소유자 사이에 이동의 속도나 이동의 편리성에서 엄청난 격차가 있기 때문이다. 한정된 도시 공간에서 자가용 운전자는 대중교통 이용자나 보행자보다 일인당 훨씬 많은 도로 공간을 점유한다. 또한 교통사고 사망자와 부상자의 대부분이 운전자가 아니라 보행자이다. 부러지거나 다치기 쉬운 인간의 신체를 확장해 철제 피부를 가지고 있는 셈인 자동차 운전자는 교통사고 시 보행자에 비해 훨씬 안전하다.[207] 자동차를 소유하지 못한 가난한 보행자는 자가용 운전자보다 경제적·신체적으로 약자이다.

특히 우리나라는 도시화 과정에서 급격히 늘어나는 자동차의 빠른 소통을 위해 많은 도로 면적이 할당되고 막대한 도로 건설 비용이 투자된 데 비해, 약자라고 할 수 있는 대중교통이나 자전거 이용자, 보행자를 위한 배려는 매우 부족했다. 자동차가 평지를 아무 제약 없이 달릴 수 있도록 하기 위해 보행자는 육교나 지하도를 오르내리거나 멀리 우회해 길을 건너야 했다. 차도를 넓히기 위해 인도가 줄었고, 심지어 인도가 아예 없어서 어린이들이 학교에 갈 때 차도로 다녀야 하는 경우도 있다.

이처럼 도시 공간이 사람 우선이 아니라 자동차 우선으로 변하는 것을 비판하면서, 1990년대부터 '녹색교통운동'과 '걷고 싶은 도시 만들기 시민 연대' 같은 시민운동 단체가 중심이 되어 보행권 확보 및 보행 조례 제정 운동을 전개했다. 이 단체들은 이동할 권리, 그중에서도 이동의 가장 원초적 수단인 보행의 권리야말로 인간의 기본권이라 여기고, 자동차 중심의 도시에 대항해 보행자와 자전거, 대중교통 중심의 도시를 만들고자 노력해왔다. 특히 장애인과 노약자 같은 교통 약자들의 이동권과 보행권 확보, 교통사고 유자녀 지원, 횡단보도 확충, 대중교통 개선, 자전거 도로 확충 등을 위해 애썼다.

보행권 확보 운동은 앞서 살펴본 주거권 운동보다는 우리 사회에서 상대적으로 쉽게 인정받았다. 주거권 운동의 주체가 도시의 경제적 약자에 국한된 것과 달리, 보행권 운동에서는 중산층도 적극적 주체가 될 수 있었기 때문이다. 도시 빈민의 경우에는 본인이나 가족이 도시 빈민의 지위에서 벗어나기 어렵지만 자동차 운전자의 경우에는 본인은 물론 가족도 보행자일 때가 많기 때문에 보행권은 도시에서 소외된 약자만의 요구가 아니었다. 버스나 지하철 같은 대중교통이나 자전거 이용자들의 권리를 증진시키자는 운동 역시 마찬가지로 쉽게 사회적 호응을 얻을 수 있었다. 그 결과, 1997년의 서울시 보행권 조례208를 필두로 각 도시와 구청에서 보행권 조례가 제정되기 시작했다. 또한 버스 전용 차선제, 자전거 도로 건설 등 대중교통과 자전거를 위한 여러 조치들이 취해졌다.

그러나 장애인들의 경우는 이동권의 문제가 더 절실한데도 불구하고 개선이 그리 쉽지 않았다. 1999년 지하철 혜화역, 2001년 오이도역, 2002년 발산역 등에서 장애인용 리프트 추락으로 장애인이 사망하는 사건이 잇따르자, 장애인들은 '장애인 이동권 쟁취를 위한 연대 회의'를 결성하고 장애인 이동권 확보를 위한 조직적 투쟁에 들어갔다. 장애인은 외출을 삼가는 것이 당연하다고 여기는 사회적 편견에 대항하며, 자유롭게 이동할 수 있어야만 사람답게 살 수 있다고 주장한 장애인들은 이동권을 인권 차원에서 바라보았다. 요구가 쉽게 받아들여지지 않자 이들은 단식 투쟁 등 처절한 싸움을 시작했다. 2002년 9월에는 장애인 이동권 보장을 요구하며 쇠사슬로 자신의 몸과 휠체어를 한데 묶고 시청역 지하철 선로를 점거하는 등 목숨을 건 극단적 시위를 벌였다. 건강한 사람들의 보행권 확보 운동에 비하면 장애인들의 이동권 확보 운동은 일반인들의 무관심 속에서 훨씬 외롭게 진행되었다.209 하지만 이러한 운동을 통해서 지하철 역사의 엘리베이터 설치, 저상 버스 도입 등 장애인의 요구 사항들이 일부 수용되었고, 2004년에는 '교통 약자의 이동 편의 증진법'이 제정되기에 이르렀다. 이 법은 교통 약자를 "장애인, 고령자, 임산부, 영유아를 동반한 자, 어린이 등 생활을 영위함에 있어 이동에 불편을 느끼는 자"로 규정하고 있으며, "장애인 등 교통 약자는 인간으로서의 존엄과 가치 및 행복을 추구할 권리를 보장받기 위하여 장애인 등 교통 약자가 아닌 사람들이 이용하는 모든 교통 수단, 여객 시설 및 도로를 차별 없이 안전하고 편리하게 이용하여 이동할 수 있는 권리를 가진다"라고 규정하고 있다.

하지만 2010년 8월 주안역에서 장애인 시설의 고장과 주변의 무관심으로 인해 시각 장애인이 선로로 추락해 사망하는 등, 지금도 여전히 지하철이나 버스 같은 대중교통을 이용하는 장애인들의 비참한 사고가 끊이지 않고 있다. 생존을 위한 일상적 이동을 위해 장애인들이 목숨을 걸어야 하는 우리나라 도시 현실에서 장애인 이동권이 법적 조항만이 아니라 실질적 내용을 갖추기까지는 아직도 갈 길이 멀다.

(3) 이주 노동자 권리 운동

1990년대부터 낮은 임금을 받고도 일하려는 외국인 노동자들이 우리나라에 대거 유입되기 시작했다. 이들에 대한 처우는 너무나 열악했고 기본적 인권도 보호받지 못했다. 1995년 1월, 네팔인 산업 연수생 13명은 명동 성당에서 'We are human', 'We are not animal', '우리는 노예가 아니다', '때리지 마세요' 같은 문구의 피켓을 들고 온몸에 쇠사슬을 두른 채 처우 개선을 요구하는 농성을 벌였다. 이 농성은 이주 노동자들의 비참한 처지를 우리 사회에 알리는 계기가 되었다. 이주 노동자들과 이주 노동자 지원 단체들의 오랜 투쟁 끝에 도입된 것이 이주 노동자들의 노동권을 인정하는 고용 허가제였다. 고용 허가제가 시행되면서 우리나라는 이주 노동자의 권리를 법적으로 인정한 최초의 아시아 국가가 되었다. 그러나 고용 허가를 받지 못한 미등록 이주 노동자들은 인권 보호의 사각 지대에 놓여 있고 불법 체류, 강제 출국으로 이어지는 악순환을 겪고 있다. 유엔의 이주 노동자 권리 조약은 불법 체류 이주 노동자들의 인권도 보장되어야 함을 명시하고 있다. 또 이주와 거주의 자유는 세계인권선언에 규정되어 있는 인간의 기본적 권리이기도 하다.[210]

그래서 외국인 이주 노동자의 불법 체류 단속 및 강제 추방에 맞선 미등록 이주 노동자들의 저항이 계속되고 있다. 대표적인 예로, 외국인 이주 노동자들은 2003년과 2004년의 명동 성당 단식 농성과 2005년의 국가인권위원회 점거 농성을 통해 강제 추방 저지와 미등록 이주 노동자 합법화를 요구했다. 그리고 2005년에 자신들의 권리를 지키기 위한 조직인 '서울경기인천 이주 노동자 노동조합(약칭 이주 노조)'을 결성했다.[211] 그러나 우리나라 헌법과 법률, 그리고 국제법의 보장에도 불구하고 노동부는 이주 노조의 법적 지위 인정을 거부해왔으며, 출입국 관리 사무소는 이주 노조 집행부에 대한 표적 단속을 벌여왔다.

현재 우리나라에 체류하는 외국인이 100만 명을 넘어서면서 우리나라에서도 외국인의 권리, 특히 외국인들 중에서 가장 취약한 집단인 저임금 단순 노동 직종의 이주 노동자들, 그중에서도 미등록 이주 노동자들과, 주로 동남아 여성들인 결혼 이민자들의 인권에 대한 관심이 높아지고 있다. 이들 자신은 물론 국내의 많은 인권 단체들이 국내 거주 외국인의 인권 향상을 위해 노력해왔다.

서구의 경우 외국인 이주자들 대부분이 도시에 거주하고 있으며, 경제적 빈곤, 인종적 편견, 공간적 격리 등 가장 다루기 어려운 선진국 도시 문제의 원인이 되고 있다. 그래서 선진국의 도시에 대한 권리 논의에서 가장 중요한 영역이 바로 시민권이 없거나, 있더라도 경제적·사회적 차별로 피해를 보고 있는 이주 노동자 혹은 불법 이민자들의 권리와 관련된 것이다.[212]

사실 도시의 외국인들은 도시의 중요한 인적 자원이며, 도시의 개방성과 문화적 다양성을 높이는 역할을 한다. 또 이들의 집단 거주지는 도시의 문화 관광 자원이 될 수 있다. 그러나 인종 갈등과 폭동이 빈발하는 일부 서구 도시의 사례에서 보듯, 이들이 그 도시 사회에 제대로 통합되지 못할 경우 외국인 이주자는 가장 다루기 어려운 도시 문제가 될 가능성이 높다.

서구와 달리 우리나라는 외국인 이주자의 대부분이 단기 체류자로서 합법적 정착이 어렵다. 그래서 우리나라에 일하러 온 저임금 외국인 노동자들 대부분은 도시에 거주하기보다는 공장이나 산업 단지 인근 지역에 임시적으로 거주한다. 영구 정착 목적으로 온, 동남아 여성 위주의 결혼 이민자들은 대체로 농촌에 산재해 거주한다. 따라서 외국인들이 특정 도시 구역에 밀집함으로써 외국인 거주 구역과 내국인 거주 구역 사이에 사회적·공간적 분절 현상이 나타날 가능성은 서구에 비해 상대적으로 적다고 볼 수 있다. 그러나 최근 조사에 의하면, 우리나라에서도 외국인들이 수도권과 같은 대도시 지역에 집중되는 경향이 있고 안산시 원곡동, 서울 구로구 가리봉동 같은 특정한 지역에 비슷한 배경을 가진 외국인들이 집단적으로 모이는 현상도 나타나고 있다. 그러므로 서구의 도시에서 현재 발생하고 있는 심각한 문제들이 우리 도시에서도 나타날 가능성을 무시할 수 없다. 이미 일부 외국인 밀집 지역에서는 내국인이 접근을 기피하는 가운데 이른바 게토ghetto같이 주변과 격리되는 현상이 진행되고 있다.[213] 또한 농촌 지역 중에는 외국 여성과의 국제결혼 비율이 전체 결혼의 30퍼센트를 넘어선 곳이 상당히 많다. 이런 곳에서 태어나고 자란 상당수의 다문화 가정 2세들이 경제적 어려움뿐만 아니라 사회적 편견과 차별에 기인한 좌절과 불만을 극단적 방식으로 표출하게 될 가능성이 대단히 높다.

유럽 등 선진국에서는 외국인 이주자들을 그 사회에 통합하기 위한 다양한 정책들을 펴고 있다. 또한 그 나라 국적이 없는 외국인 이주자들의 정치 참여를 보장하는 문제가 사회적 쟁점이 되었고, 그 결과 지방 선거 때는 외국인에게도 참정권을 인정하는 방향으로 나아가고 있다. 우리나라에서도 2005년 공직 선거법 개정을 계기로 일정한 자격을 갖춘 외국인 영주권자에 한해 지방 선거 투표권을 부여하고 있다.[214] 그러나 외국인 영주권자라 해도 투표권 말고는 다른 정치적 권리를 거의 누릴 수 없으며, 피선거권도 가질 수 없고, 무엇보다도 우리나라 영주권을 취득하기가 쉽지 않다. 이런 맥락에서 우리나라에 거주하는 외국인들은 도시 정치에 적극적으로 참여할 권리에서 배제되어 있다고 보아야 할 것이다.

그나마 다행스러운 것은 최근 들어 점점 증가하고 있는 외국인 거주자 및 다문화 가정을 지원하기 위한 법 제정과 각 지자체 차원의 조례 제정이 잇따르고 있다는 점이다. 2006년 행정자치부는 지방 자치 단체로 하여금 해당 지역에 거주하는 외국인을 주민으로 대우하고 함께할 수 있게 하기 위한 '거주 외국인 지원 표준 조례안'을 마련한 바 있다. 이 표준안을 기준으로 국내 여러 지방 자치 단체들이 거주 외국인에 대한 지원 조례를 제정했다.[215] 2006년에는 외국인 정책위원회가 발족했고, 2007년에는 재한 외국인 처우 기본법이, 2008년에는 다문화 가족 지원법이 각각 제정되었다. 2009년에는 외국인 노동자들이 가장 많은 도시 중 하나인 안산시가 거주 외국인 지원에 중점을 둔 조례에서 한 걸음 더 나아가, 거주 외국인의 인권 보호와 증진을 목적으로 하는 '안산시 외국인 주민 인권 증진에 관한 조례'를 국가인권위원회와 협력해 제정하기도 했다. 이 안산시 조례의 특징은 조례 적용 대상을 법적 지위를 불문하고 안산시에 거주하는 모든 외국인으로 규정함으로써, 미등록 외국인도 당연히 인간으로서의 존엄과 가치 및 자유와 권리를 향유할 권리를 가진다는 점을 명확히 했다는 것이다. 이를 통해 안산시 거주 외국인의 거의 절반에 달하는 것으로 알려진 미등록 외국인의 인권 보호를 위한 작지만 의미 있는 제도적 장치가 도시 차원에서 마련되었다.[216]

하지만 여전히 우리나라에서는 미등록 이주 노동자들의 최소한의 인권과 노동권이 보장되지 못하고 있는 것이 현실이다. 국제 엠네스티는 이주 노동자들의 인권 보장을 여러 차례 한국 정부에 촉구한 바 있다. 최근에는 체포된 이주 노조 지도부들을 양심수로 간주하고, 미등록 이주 노동자 노동조합의 설립 및 가입을 방해하는 장벽을 즉각 제거해 이주 노조의 법적 지위를 인정하라고 한국 정부에 권고했다.[217] 하지만 아직까지 이주 노조의 합법화는 이루어지지 않고 있다. 이주 노동자의 인권 역시 우리나라에서는 아직 너무 멀리 있다.

(4) 지방 자치 단체의 인권 조례 제정 운동

또 하나 눈여겨볼 만한 것은 지방 자치 단체 차원의 인권 조례 제정 운동이다. 지자체 차원에서 인권 조례를 제정하는 것은, 무엇보다도 사람들이 일상적으로 살아가는 생활 현장인 지역 단위에서 인권이 올바로 보호되는 것이 중요하기 때문이다. 유엔 같은 국제기구들의 감시나 국제 인권 규약을 통해 국제적 차원에서, 또 우리나라의 헌법과 법률을 통해 국가적 차원에서 인권 보호와 증진이 이루어진다고 하더라도, 일상생활에서 인권 침해가 일어날 위험은 상존한다. 따라서 일상생활의 장인 지역 단위에서 인권을 보호하고 증진할 법적·제도적 장치가 필요하다. 우리나라가 2001년 국가인권위원회를 설치하고 얼마 안 되어 부산, 대구, 광주 세 지역에 국가인권위원회 지역 사무소를 설치한 것도 이러한 당위성의 실천이었다고 볼 수 있다.

그러나 생활 현장에 더 가까이 다가가기 위해서는 국가 기구인 국가인권위원회 지방 사무소보다 지방 자치 단체의 역할이 중요하다. 지자체의 주요 책무가 주민들의 기본 권리를 보호하는 것이라고 할 때, 지자체 차원에서 인권 보호 활동이나 인권 교육, 인권 피해자 구제 프로그램을 구체화하고 이를 전담할 기구를 설치하는 등 보다 적극적인 인권 정책이 요구된다. 그리고 이러한 요구들은 지역 단위의 인권 조례 형태로 구체화·법제화될 수 있다.[218]

현재 우리나라 지역 단위에서 진행되고 있는 인권 조례 제정 운동은 크게 두 갈래로 나누어진다. 첫 번째는 각 지자체별로 포괄적인 인권 기본 조례를 제정하려는 운동이며, 두 번째는 각 지역 차원에서 여성, 노인, 다문화 가정 같은 인권 취약 집단의 인권을 보장하기 위해, 혹은 보행권이나 환경권 같은 일상생활의 구체적인 권리를 보장하기 위해 각 부문별로 개별 조례를 제정하려는 운동이다.[219]

첫 번째 유형의 운동이 목표로 하는 포괄적 인권 기본 조례는 지역 사회 전체를 인권 친화적 구조와 인권 증진을 위한 분위기로 만들어가는 데 지향점을 두고 있다. 두 번째 유형의 운동이 목표로 하는 부문별 개별 조례에 비하면 구체적이고 즉각적인 효과를 기대할 수 없지만, 지역 사회의 인권 개선을 위한 전반적인 틀을 만들 수 있다는 점에서 의미를 지닌다. 우리나라에서 이러한 형태의 조례 제정 운동은 진주와 광주 지역에서 처음 시도되었다. 진주의 경우 1920년대에 백정들의 사회적 차별 철폐와 신분 해방을 위해 결성된 '형평사衡平社'가 주도한 형평 운동의 진원지라는 역사를 갖고 있다. 이러한 역사적 배경 위에서 2005년 세계인권선언의 날을 맞이해 진주의 시민 사회 단체들이 연대해 '인권 도시 진주 선언문'을 채택했고, 이를 좀 더 발전시켜 진주시 인권 기본 조례를 제정하려는 운동을 펼쳐나갔다. 그러나 우리나라 최초로 기초 자치 단체 차원에서 추진된 진주시 인권 기본 조례는 아쉽게도 상위법에 근거가 없고 인권은 지방 사무가 아니라 국가 사무라는 이유 등으로 진주시 의회를 통과하지 못했다.[220]

한편 5.18 광주민주항쟁을 거치면서 우리나라 민주화의 성지로 알려지게 된 광주광역시의 경우 2000년대 초부터 광주 인권상 제정, 세계 인권 전시관 개설 등 광주를 세계적인 민주·인권·평화 도시로 육성하기 위해 다양한 사업을 전개

해왔다. 그리고 2007년 5월에는 이러한 사업을 제도적으로 뒷받침하기 위한 '광주광역시 민주·인권·평화 도시 육성 조례'를 제정했다. 하지만 광주시가 앞장서서 추진한 인권 관련 사업과 조례가 단지 가시적이고 상징적인 면에 치중할 뿐, 실제로 광주 내부에서 벌어지고 있는 갖가지 인권 침해 사건들, 예컨대 광주 시청에 근무하는 비정규직의 인권 침해 문제 등에는 오히려 무관심하다는 비판이 시민 사회 단체를 중심으로 제기되었다. 즉, 기존의 사업이나 조례가 내용 면에서 시민들의 실질적인 인권 보호와는 거리가 먼 시설물 건축이나 도시 이미지 홍보에 치중하고 있으며, 이는 결국 광주를 경쟁력 있는 도시로 만들기 위해 인권이라는 테마를 활용하는 것에 불과하다는 것이다.[221] 비판을 제기한 시민 사회 단체들은 시민들의 실질적 인권 보호에 초점을 맞춘 대안적 성격의 조례인 가칭 '광주 인권 기본 조례' 제정을 촉구했고, 결국 이러한 의견이 일부 수용되어 2009년 기존 조례의 내용을 대폭 수정한 '광주광역시 인권 증진 및 민주·인권·평화 도시 육성 조례'가 새롭게 만들어졌다.

2010년 3월에는 광역 자치 단체인 경상남도가 포괄적 인권 조례인 '경상남도 인권 증진 조례'를 제정했고 뒤이어 전라북도에서도 2010년 7월 '전라북도 인권 증진에 관한 조례'가 제정되었다. 이들 광역 단위 지자체들의 인권 조례는 공통적으로 도민의 권리와 도지사의 책무를 규정하고 있으며,

인권 보호와 증진에 관한 종합적이고 계획적인 사업 추진을 위해 인권 기본 계획을 수립하고 도지사의 인권 정책 자문 기관인 인권위원회를 구성·운영한다는 내용을 담고 있다. 또한 인권 관련 교육 및 홍보의 적극적 추진을 위한 지원 내용도 담고 있다. 흥미로운 것은 경상남도와 전라북도 공히 모든 도민이 인간으로서 존엄과 가치를 실현할 권리를 가진다고 선언하면서 이러한 권리는 도의 행정 구역 내에 체류하는 모든 사람에게 인정된다고 밝힌 점이다. 국적에 기초한 시민권이 자국 국민과 외국인을 구분하는 것에 비추어 볼 때 이는 매우 긍정적인 측면이다.

2012년 4월 국가인권위원회에서 〈시도, 시군구 인권보장 및 증진에 관한 조례〉 표준안을 만들어 각 지방자치단체장에게 제정을 권고하면서 우리나라 지방자치단체의 인권기본조례 제정이 급격히 늘어났다. 현재 광역자치단체의 경우 거의 모든 시도가, 기초자치단체의 경우 100여 군데 시군구가 인권기본조례를 갖추고 있다.[222]

지역 차원의 인권 조례 제정 운동의 두 번째 갈래는 사회적 약자와 소수 집단을 위한 부문별 조례를 제정하는 것이다. 이러한 형태의 조례는 꽤 오래전부터 활성화되었다. 조례를 통해 주로 보호되는 계층이나 집단은 여성, 아동, 청소년, 노인, 장애인 등이다. 최근에는 점점 증가하고 있는 외국인 거주자 및 다문화 가정을 지원하기 위한 각 지자체의 조레 제정이 이어지고 있다. 한편 2010년 지방 선거에서 진보적 성향의 교육감들이 선출되면서 학생 인권 조례를 만들려는 움직임과 학생들을 대상으로 하는 무상 급식 조례를 만들려는 움직임 등이 진행되고 있다. 그 외에도 앞에서 살펴봤듯이 보행권 같은, 특정 집단보다는 특정 영역과 관련된 조례 제정 운동이 있다.

그러나 이러한 형태의 조례들 대부분이 아직까지는 취약한 집단들의 인권을 일상생활에서 제대로 보장해줄 구체적 보호 장치나 실질적 지원 방안을 함께 마련하고 있지 않으며, 따라서 형식적인 선언에 그치고 있다는 지적을 받는다. 앞으로 지방 정부 조례 제정 운동의 가장 중요한 과제는 지금까지 관심이 미치지 못했던 영역으로 범위를 확대하는 한편, 선언적 의미에 그쳤던 것을 넘어 부문별, 계층별로 보다 실효성 있는 인권 보호 장치를 각 지역 내부에서 만들어나가는 것이다. 그러기 위해서는 각 지역에 뿌리박은 사회 집단들의 풀뿌리 인권 운동이 활성화될 필요가 있다. 그렇게 될 때 지방 정부 차원의 인권 조례들이 지역 특색에 맞는 구체적이고 실효성 있는 인권 보호 장치로서 제 기능을 하게 될 것이다.[223]

(5) 도시 행정에 대한 참여 운동

앞서 살펴본 도시에 대한 권리들 중에서 가장 중요한 권리

중 하나가 바로 주민들의 참여권이다. 오랜 군사 독재가 끝나고 1990년대에 지방 자치제가 부활했지만, 주로 중앙 정부의 권한을 지방 정부에 이양하는 이른바 '단체 자치', '기관 자치'만 강조되고, 주민 스스로 지방 행정의 주인이 되는 이른바 '주민 자치'는 봉쇄되었다. 따라서 주민 참여를 통해 진정한 지방 자치와 풀뿌리 민주주의를 이루고자 하는 많은 노력들이 각 지역에서 전개되었다.[224]

가장 먼저 실현된 주민 직접 참여 제도는 1999년 지방 자치법 개정을 통해 만들어진 주민 감사 청구 제도와 주민 발의 제도이다.[225] 주민 감사 청구 제도는 지방 자치 단체와 그장의 권한에 속하는 사무 처리가 공익을 해친다고 인정되는 경우, 일정 수 이상의 주민이 시·도의 경우 주무 장관에게, 시·군·구의 경우 시장·도지사에게 감사를 청구할 수 있도록 한 제도이다.

주민 발의 제도는 주민들에게 조례의 제정 및 개정, 폐지 권한을 부여하는 것으로서, 주민이 일정 수 이상의 지역 유권자에게 서명을 받아 지방 자치 단체의 조례 제·개정 및 폐지를 요구하면 지방 의회가 이를 심의해 결정하도록 되어 있다. 이 제도를 통해 주민들은 일상생활에서 꼭 필요하지만 지방 공직자들이 방기한 안건을 지방 정부에 직접 요구할 수 있게 되었다. 이 제도가 만들어진 후 실제로 활용된 가장 대표적인 사례가 민주노동당 출신 전종덕 전라남도 도의원이 지역 시민 사회 단체와 공동으로 추진한 학교 급식 조례 주민 발의 운동이다.[226] 전라남도에서 주민 약 5만 명의 서명을 받아 우리 농산물을 학교 급식에 우선적으로 사용케 하는 조례안이 발의되었고 전라남도 의회에서 통과되었다. 이후 전국 각지에서 유사한 내용의 주민 발의 운동이 일어났고, 이것이 최근 주민 발의에 의한 친환경 무상 급식 조례 제정 운동으로 이어지고 있다.

참여 정부 시절 주민 투표제, 주민 소송제, 주민 소환제 순으로 선진국 수준의 주민 참여 제도가 만들어졌다. 하지만 제도의 실제 운영 면에서는 계속적인 개선과 보완이 요구되고 있다.

이러한 주민 참여 제도보다 한 걸음 더 나아간 것이 주민들이 지자체 예산 운영에 직접 참여할 수 있도록 한 주민 참여 예산 제도이다. 지자체의 업무가 실현되기 위해서는 예산이 필요하며, 예산을 어느 분야에 편성해 어떻게 쓸 것인지 결정하는 일은 지자체 업무에서 가장 핵심적인 부분이다. 처음에는 이렇게 중요한 지자체 예산에 대한 감시 운동이 진행되다가, 차차 주민들이 직접 예산 편성에 참여하는 주민 참여 예산 운동으로 발전되었다.[227]

주민 참여 예산 제도는 1989년에 브라질 포르투 알레그레에서 제일 처음 시행되었다.[228] 당시 브라질은 군사 독재에서 벗어나 민주화 과정에 들어서 있었는데, 1988년 포르

투 알레그레 시의 지방 선거에서 승리한 브라질 노동자당
이 직접 민주주의 활성화 차원에서 이 제도를 시행했다. 이
후 이 제도는 세계 각지로 급속히 파급되었으며, 우리나라에
서는 시민 단체들과 2002년 지방 선거에서 이를 주요 공약
으로 채택한 민주노동당을 통해서 이 제도가 공론화되기 시
작했다. 참여 정부 출범 직후인 2003년에 행정자치부는 '지
방 자치 단체 예산 편성 기본 지침'을 통해 지방 정부에 이 제
도의 도입을 공식 권고했다. 2004년 3월에 광주광역시 북구
가 우리나라에서 최초로, 그리고 그 뒤를 이어 6월에 당시 민
주노동당 소속 구청장이 재임하고 있던 울산시 동구가 '주민
참여 예산 운영 조례'를 제정·공포함으로써 우리나라에서도
지방 정부의 예산 편성 과정에 주민이 참여하는 제도의 막이
올랐다. 주민 참여 예산 제도는 2010년 5월 말 현재 230개
지자체 중 36퍼센트인 총 83개의 시·군·구에서 운영되고 있
다.[229]

이처럼 의식 있는 주민들과 관련 단체들의 노력으로 도시
행정에 대한 주민 참여를 촉진할 수 있는 여러 제도적 장치
가 마련되었지만, 우리나라의 도시 행정에 대한 주민 참여의
수준은 여전히 그리 높지 못하다. 그 이유로는 주민 참여를
가로막는 여러 가지 제도적 문제점, 선출된 공직자들과 지방
관료들의 주민 참여 기피, 지방 자치에 대한 주민들의 낮은
관심과 이에 대비되는 지역 관변 단체나 토호 집단의 주민

과잉 대표성 등이 지적된다.

지금까지 도시에 대한 권리와 관련된 우리나라의 실천 운동 사례들을 살펴보았다. 외국의 사례를 보면 개발도상국의 경우 갑작스러운 도시화로 도시 주민들의 생존권과 주거 문제가 절박해지면서 이를 해결하는 것이 가장 중요한 과제가 된다. 선진국의 경우에는 외국인 이주자의 증가로 인해 차이에 대한 권리, 외국인 이주자의 권리가 강조되고 있고, 외국인 이주자들의 차별 방지와 포용 문제가 가장 중요한 과제가 된다. 압축적 성장과 압축적 도시화, 압축적 세계화 과정을 겪으면서 선진국과 개발도상국의 중간쯤에 위치해 있는 우리나라의 경우, 선진국에서 나타나는 문제와 개발도상국에서 나타나는 문제가 공존하고 있다. 최소한의 주거 수준도 갖추지 못해 비닐하우스 등에서 사는 사람이 여전히 많고 용산 참사와 두리반의 사례에서 보듯이 재개발 과정의 강제 철거에 따른 문제도 여전하다. 그리고 선진국의 도시에서 볼 수 있는 것처럼 외국인 이주자 혹은 결혼 이민자들과 그들의 자녀들의 인권 및 시민권 문제도 존재한다. 이처럼 우리나라의 도시에서는 선진국의 과제와 개발도상국의 과제, 시민권적 과제와 사회권적 과제, 세계적 차원의 과제와 국가적 차원의 과제, 도시적 차원의 과제들이 중첩되어 나타나고 있다. 그동안 많은 사람들의 피땀 어린 노력과 투쟁을 통해 몇몇 측면에서는 어느 정도 성과가 있었다. 하지만 아직도 우리 도시에는 주민들의 인권 및 권리 증진과 관련하여 해결해야 할 과제가 너무 많다.

3. 도시 권리 운동을 위한 상상력

앞에서 살펴본 우리나라의 몇 가지 도시 권리 투쟁 사례의 공통점은 절박한 권리 주장 운동 당사자들은 실정법상 권리가 없거나 불법적 위치에 있었던 데 비해, 이들이 맞서 싸운 대상은 오히려 합법적 위치에 있었다는 것이다. 그러나 이들의 투쟁이 사회적 공감을 불러일으키면서 이들의 주장 중 일부는 실정법상의 정당한 권리로 인정받았다. 권리로 주장되기 전까지는 권리가 아니었던 것이 권리 요구와 사회적 인정 및 합의를 거치면서 제도적으로도 정당한 권리로 자리 잡게된 것이다.

사실 지금 우리가 누리고 있는 권리들, 그래서 너무나 당연한 것으로 여기고 있는 권리들 중에는 권리로 인정받은 지그리 오래되지 않은 것들이 많다. 불과 한 세기 전까지만 해도 선진국에서조차 여성들은 투표권이나 교육받을 권리에서 배제되어 있었다. 심지어 직접 민주주의를 자랑하는 스위스에서는 우리나라보다도 한참 늦은 1971년에야 여성에게 투표권이 주어졌다. 지금 미국의 명문 하버드 대학의 학부 과정Harvard College은 여학생의 비중이 거의 절반에 달하고 총장도 여성이지만, 공식적으로 여성의 입학이 허용된 것은 1970년대가 되어서였다. 지금은 결혼할 권리, 가정을 꾸릴 권리를 얻어가고 있는 동성애자들은 얼마 전까지만 해도 사형에 처해야 할 중죄인 취급을 받았다. 당사자들의 적극적인 권리 주장이나 투쟁을 통해 사회적 의식이나 세력 관계가 변하면서, 권리가 사회적으로 인정되고 결국 법적·제도적으로 보장받게 되는 것이다.

인터넷이라는 매체가 등장한 지 얼마 되지 않아, 누구나 인터넷에 접속할 수 있는 보편적 접속universal access의 권리가 요구되었고 이것은 금방 설득력을 얻었다. 무선 인터넷 기술이 개발되자 누구나 무선 인터넷에 접속할 권리가 요구되고 있다. 이러한 요구를 반영하여 무료로 쓸 수 있는 공공 와이파이를 제공하는 정부나 지방정부가 늘어나고 있다. 최근 전 세계 국가와 도시들이 큰 관심을 갖는 주제가 스마트 도시smart city이다. 발달된 정보통신 기술을 장착한 도시 인프라를 구축하고 이를 활용하여 도시가 직면한 여러 가지 문제들을 해결해 보려는 것이 스마트 도시의 지향점이다.

최근 서울시는 스마트폰이 시민 삶의 필수재가 된 상황에서 데이터와 와이파이가 공기 같은 존재인 만큼, 시민들의 통신비 부담을 줄이고 향후 증가할 것으로 예상되는 통신 인프라 수요에 대응하기 위한 '스마트 서울 네트워크 추진계획'을 발표했다. 이 계획의 목적은 보편적 통신복지를 실현하고 통신기본권을 보장하는 것으로, 이를 위한 주요 사업은 공공이 직접 구축하는 자가통신망 구축, 공공 와이파이 조성, 사물인터넷망 구축 사업이다. 특히 통신비 부담으로 취약계층의 정보접근성을 떨어트리지 않겠다는 내용을 계획에 담았다.[230] 경기도 교육청이 무상 급식 운동을 추진해 모든 학생들에게 무상으로 점심을 먹이자고 주장하자, 이 주장은 대중적 지지를 얻으며 금방 타 지역으로 확산되었다. 이 흐름에 반대하던 당시 오세훈 서울시장은 서울시장직을 사퇴해야 했다. 여기서 한 걸음 더 나아가, 이왕이면 환경적으로 안전한 음식을 먹이자는 요구로 이어지고 있다. 이처럼 지금까지 개인이 스스로 알아서 해결해야 했던 일상생활의 필요와 요구들이 당연히 누려야 할 보편적 권리로 주장되고, 이런 주장이 설득력을 띠어 대중적 지지를 얻게 될 때, 법과 제도를 통해 누구에게나 보장되는 보편적 권리가 자리 잡게 되는 것이다. 이러한 과정은 그 사회의 질적 수준을 높이는 발전과 진보의 과정이기도 하다.

정보통신 혹은 디지털 기술이 발달하면서 이런 기술이 우리의 일상적 삶과 도시 생활에 미치는 영향이 커지는 것과 비례하여 관심과 우려도 커지고 있다. 한편에서는 새로운 기술이 가져다주는 인권 증진 효과를 기대하지만, 다른 한편에서는 새로운 기술이 가져올 인권 억압 효과를 우려하고 있다. 극소수 거대 정보통신 기업들이 디지털 정보를 독점하고 인터넷 공간을 지배하면서 생기는 문제점, 빅브라더로 상징되는 정보통신 기술에 의한 감시와 통제 등이 우려되는 지점들이다. 이러한 맥락에서 '디지털·스마트 도시에 대한 권리', '디지털·스마트 도시에서의 인권'에 대한 주장이 최근 대두되고 있다.[231]

한편 도시에서 남성에 비해 여러 측면에서 불평등한 현실에 직면해있는 여성들의 입장에서 "여성의 도시에 대한 권리" 요구들도 표출되고 있다.[232] 여성의 입장에서 도시에 대한 권리를 주장하는 대표적인 문건으로 "여성의 도시에 대한 권리 헌장Charter for women's right to the city 초안(2004년)", "여성의 도시에 대한 권리 선언Women's Right to the City Manifesto" 등이 있다. 이들 문건에서는 도시에서 여성의 삶에 영향을 미치는 젠더 이슈와 함께, 빈곤, 불평등, 폭력 문제 등을 특히 강조하고 있다.[233]

프랑스 68운동 때 가장 유명했던 구호는 "모든 권력을 상상력에게"였다. 상상력이 중요한 것은 상상력을 통해서 우리 사회의 미래의 가능성을 확대할 수 있기 때문이다. 상상력을 주장하면, 비현실적 환상에 빠져 유토피아를 꿈꾼다고 비난받을 수도 있다. 하지만 우리에게 주어진 현실적 조건, 즉 현재의 물질적·제도적 조건과 각 주체들이 지닌 가능성과 역량을 고려한 상상력은 미래를 변화시킬 수 있는 원동력이다.

르페브르가 말한 도시에 대한 권리가 현재 도시에 대한 권리가 아닌 미래 도시에 대한 권리라고 할 때, 우리 사회의 도시에 대한 권리 역시 현재 존재하는 실정법상의 권리를 넘어선 새로운 권리를 꿈꾸는 상상력을 요구한다. 새로운 권리를 상상할 때 중요한 평가 기준은 실정법에 부합하는지 여부가 아니라, 실정법의 테두리를 넘어 인권의 차원, 윤리의 차원에서 정의, 평등, 보편성 등을 갖추었는지 여부가 되어야 한다.

인권과 윤리의 차원에서 상상력을 발휘한다면 지금까지 도시 생활에서 주민들의 권리로 여겨지지 않았던 많은 것들이 새롭게 권리로 간주될 수 있다. 몇 가지 예를 들어보자. 우선 도시 공공 디자인에 대한 권리를 주장할 수 있다.[234] 최근 들어, 장애인이나 노인들을 배려하지 않은 기존 디자인 관행에 대한 반성과 함께 누구나 차별받지 않는 생활환경을 만들기 위한 보편적 디자인이 대두하는 것은 디자인 영역에서 인권이 발전한 결과라고 할 수 있다.[235] 하지만 디자인에 대한 권리는 여기서 한 걸음 더 나아갈 수 있다. 많은 도시 시민들이 공유하는 도시 공공 공간의 디자인은 그곳을 찾는 시민들의 심리와 정서뿐만 아니라 행동에도 영향을 미친다. 상징적 측면에서 권위나 위엄을 과시하기 위한 디자인도 있고, 질서와 위계를 상징하는 디자인도 있다. 또 기능적 측면에서 시민의 자유로운 접근에 초점을 맞춘 디자인이 있는가 하면,

자본의 최대 이익에 초점을 맞춘 디자인도 있다. 혹자는 오세훈 시장이 자랑하는 광화문 광장의 디자인이 광장 본연의 기능인 시민들의 자유로운 만남이나 집회를 봉쇄하려는 의도가 반영된 폐쇄적 디자인이라고 평한다. 물론 디자인이란 심미적 속성을 가지고 있으므로 개인의 개성이나 관점에 따라 견해가 다를 수 있다. 그래서 지금까지 디자인은 특정 건축가나 조경가의 개인적 작품이라는 시각이 강했다. 그러나 사실 건축가나 조경가 개인의 성향 속에는 지배 권력의 요구나 그 시대의 풍조가 반영될 수밖에 없다. 그래서 최근 도시 시민들에게 큰 영향을 미치는 공공 디자인에서 시민들의 참여를 촉진하려는 움직임이 대두하고 있다. 디자인의 목표나 결과에서 시민의 참여를 보장하는 디자인이 있는가 하면, 디자인 과정 자체에서 시민 참여를 보장하는 경우도 있다. 예컨대, 미국 뉴욕의 상징이었지만 9.11 테러로 파괴돼 사라진 세계무역센터 자리를 어떻게 복원할 것인가에 대해 4,300여 명의 뉴욕 시민들이 의견을 개진했다.[236]

　도시의 상징물이나 기념물의 선정과 관련해서도 시민들은 의견 개진 권리를 적극 주장할 수 있다. 스탈린 사망 이후 소련에서 스탈린 격하 운동이 벌어져 소련 전역의 스탈린 동상들이 파괴됐다. 현실 사회주의의 몰락 이후 다시 한번 공산주의를 상징하는 인물들의 동상이 파괴됐다. 우리나라의 경우에도 4.19 혁명 당시 시위대가 이승만 동상을 파괴했다.

하지만 최근 일부 보수 세력은 이승만 동상을 복원하자고 주장한다. 인천 자유공원에 있는 맥아더 동상에 대해서도 이를 철거하자는 진보 단체들의 주장과 이를 계속 보전해야 한다는 보수 단체들의 주장이 맞서고 있다. 이처럼 도시의 역사적 상징물을 둘러싼 갈등은 바로 그 도시에서 현재 살아가는 사람들의 가치관과 역사에 대한 해석의 차이에서 비롯된다. 그리고 이러한 가치관과 역사관이 소수 지배 집단의 전유물이 아니라면, 일반 시민들도 도시 상징물에 대한 권리를 주장할 수 있는 것이다.

자신이 살고 있는 곳의 지명에 대한 권리도 도시에 대한 권리에서 중요하다. 지명에는 역사성·정체성은 물론 현실적 이해관계도 담겨 있기 때문이다. 지명은 무엇을 기억할 것인가, 무엇을 상징할 것인가, 무엇을 대변할 것인가와 관련되며, 결국 그 도시의 지명을 결정할 권리는 주민들에게 상당히 중요한 권리일 수 있다. 러시아의 도시 상트페테르부르크의 이름이 공산 혁명 이후 레닌그라드로 바뀌었다가 공산주의 붕괴 후에 다시 원래의 상트페테르부르크로 돌아온 것은 지명 자체가 정치적 의미를 가지고 있음을 잘 보여주는 예이다. 청계천 6가에 있는 다리를 '전태일 다리'로 명명하자는 최근의 운동도 바로 그 자리에서 산화한 우리나라 노동 운동의 선구자 전태일에 대한 기억을 역사에 남기려는 노력의 일환이다.[237] 상당히 설득력 있는 이 운동이 성공하기 쉽지 않왔던 이유는 우리 현대사의 어떤 부분들에 대한 기억을 지우고 싶어 하는 세력의 힘이 만만치 않으며, 이 세력이 공식적 결정권을 쥐고 있기 때문이다. 그렇지만 엄청난 공공성과 상징성을 지니고 있는 지명의 결정을 소수에게 맡겨놓는 것은 바람직하지 못하며, 지명이야말로 주민 전체가 결정할 수 있어야 한다.[238]

상상력을 발휘할 수 있는 예를 한 가지만 더 들어보자. 영국의 사회학자 어리는 이동 역량과 여행 기회에서 전 세계적으로 매우 극심한 불평등이 존재한다는 점을 주목한다.[239] 단적인 예로 자동차 소유자와 비소유자 사이에, 또 공항·고속철도역·전철역 주변에 사는 사람과 그러한 교통 시설의 혜택을 누리기에는 너무 멀리 떨어져 있는 사람 사이에는 이동 역량에서 큰 차이가 있다. 그리고 이동 역량의 차이로 인해 상당한 사회·공간적 불평등이 생겨난다. 특히 지금과 같은 세계화 시대, 네트워크 시대에 한 사람의 기회는 전 세계와 얼마나 연계를 맺을 수 있느냐에 크게 좌우되기 때문에 전 세계적으로 쉽게 이동할 수 있는 능력을 가진 사람들은 그렇지 못한 사람들에 비해 더 많은 기회를 얻을 수 있고, 그래서 사회적 불평등이 생기게 되는 것이다. 세계화 시대에 경제적·시간적 여유가 있는 일부 계층은 일 년에도 수차례 해외여행을 통해 새로운 경험과 만남의 기회를 누리지만, 그렇지 못한 서민들은 평생 한 번도 해외에 나가보지 못하는 경우가 많아 새로운 경험과 만남의 기회에서 소외된다. 또한 이동에 필요한 교통수단의 운행이——자가용의 일상적 운행은 물론이고 특히 비행기의 운행이——막대한 화석 에너지를 소모하고 지구 온난화를 유발한다는 점에서, 잦은 이동에 따른 이익의 향유자와 그 비용의 분담자가 일치하지 않는 모순도 발생한다. 이러한 상황에서 어리는 일상생활의 장소에서 벗어나 다소 멀리 떨어진 다른 장소와 통신하거나 여행할 기회를 현 시대의 모든 사람들에게 해당하는 '필요'로 간주해야 한다고 주장한다. 여행 역시 식수나 음식같이 '필요'에 기초해 배급될 필요가 있다는 것이다. 그러기 위해서는 현재 매우 불균등한 개인의 여행 기회가 공평하게 분배되어야 한다. 지나치게 많이 여행하는 사람은 여행 빈도를 줄여야 하고, 여행 기회가 없었던 사람들에게는 여행 기회가 주어져야 한다. 여행의 기회는 현재 사회 내부에서뿐만 아니라, 지구 화석 에너지의 부존량을 고려해, 현재 세대와 미래 세대 사이에도 공평하게 분배되어야 한다.[240]

물론 우리가 상상할 수 있는 모든 권리, 모든 사람들의 모든 요구가 다 권리로 인정될 수는 없다. 그래서 인권의 차원, 윤리의 차원에서 정의, 평등, 보편성 등의 기준을 따른다 할지라도 이기적이고 배타적인 권리 주장과 정당한 권리 주장을 구분하기란 현실에서 그리 쉽지 않다.

예를 조금 더 들어보자. 우리나라 헌법에는 국가가 지역

간 균형 발전을 위해 노력해야 한다는 조항이 있다.[241] 그러나 실제로는 잘사는 사람과 못사는 사람이 있는 것처럼 잘사는 지역과 못사는 지역이 존재하고, 한 도시 내에서도 잘사는 구역과 그렇지 못한 구역이 존재한다. 그래서 어떤 지역에 거주하는 사람은 단지 그 지역에 거주한다는 이유만으로 다른 지역에 거주하는 사람보다 교육 여건이나 치안 여건, 교통 여건 등에서 불이익을 당할 수 있다. 자신의 노력 여하와 관계없이 단지 거주 지역 때문에 생기는 이런 불이익을 감수하지 않으려면 어떻게 해야 하는가? 우선 쉽게 생각할 수 있는 방법은 지금 사는 곳보다 더 좋은 지역으로 이사 가는 것이다. 이것은 개인적 차원의 해결 방안이다. 그러나 거주 이전의 자유가 보장되어 있는 우리나라라 해도 누구나 좋은 지역으로 가서 살 수 있는 것은 아니다. 좋은 지역은 누구나 그곳에서 살고 싶어 하기 때문에 땅값과 집값이 비싸다. 이를 감당할 경제적 능력이 있는 사람만 그곳에 가서 살 수 있다. 따라서 이 방법은 모두에게 가능한 방법은 아니다. 두 번째 방법은 현재 거주하고 있는 곳의 교육, 치안, 교통 여건 등을 개선하는 것이다. 하지만 이 방법은 더욱 쉽지 않다. 이사가 혼자만의 노력으로 가능한 일이라면, 살고 있는 지역을 개선하는 것은 현재 거기에 살고 있는 주민들과 관련 지방 정부의 집단적인 노력을 요하는 일이기 때문이다.

첫 번째 방법, 즉 개인적 차원의 해결 방법은 지금까지 너무나 자명한 권리로 인정되어왔다. 실제로 거주 이전의 자유는 매우 중요한 인간의 보편적 기본권이다. 살던 지역을 떠나 다른 지역으로 옮겨 가고 싶은 사람에게는 당연히 거주 이전의 자유가 보장되어야 한다. 살던 나라를 떠나 다른 나라로 옮겨 가고 싶은 사람에게도 같은 권리가 보장되어야 한다. 하지만 이 자명한 권리도 현실에서는 누리기가 그리 쉽지 않다. 각 나라는 국경을 넘어오는 이주자들을 엄격하게 통제한다. 한 나라 내부에서도 가난한 사람이 부자 동네로 가는 데는 경제적 제약이 따른다.

두 번째 방법, 즉 집단적 차원의 해결 방법은 지금까지는 주민들의 권리로 그다지 인식되지 못해왔다. 이 책에서 다루고 있는 도시에 대한 권리는 현재의 거주 지역에 그대로 살면서 교육, 의료, 주택, 여가, 기타 생활에 필요한 도시 서비스를 누릴 권리를 주장하는 것과 관련이 있다. 그 지역 공립학교의 시설이나 교사 수준이 다른 지역 학교보다 못할 경우 이에 대한 개선을 요구할 권리, 그 지역의 공원 시설이나 대중교통 시설이 열악해서 여가의 권리, 이동의 권리가 제약될 경우 이러한 시설에 대한 투자를 요구할 권리가 바로 경제적·사회적 권리이자 동시에 도시에 대한 권리이다.[242] 우리에게는 더 나은 생활을 위해 현재 살고 있는 지역을 떠날 권리도, 그 지역에 계속 머물면서 그 지역의 상황을 개선해가며 행복을 추구할 권리도 있는 것이다.

그런데 자기가 사는 지역이 생활하는 데는 크게 불편하지 않지만 부동산 가격이 다른 지역에 비해 오르지 않아서 손해본다는 생각이 들 수도 있다. 실제로 우리나라에서 부동산 가격의 상승 여부는 각 개인과 가정의 부의 축적 기회에 매우 큰 영향을 미친다.

그렇다면 우리 동네의 부동산 가격을 서울 강남 지역만큼 올려달라고 요구하는 것도 도시에 대한 권리에 속할 수 있을까? 우리 사회의 계층 상승에서 부동산 가격만큼 중요하고 민감한 변수가 자녀 교육이다. 우리 동네의 공교육 수준에는 별 불만이 없지만 사교육 수준은 강남에 비해 너무 낮아서 불만스러울 수 있다. 이럴 경우, 강남 수준의 사교육 시설을 요구하는 것도 도시에 대한 권리에 속할 수 있을까? 실제로 강남은 우리나라 사람들의 가장 큰 관심사인 자녀 교육과 부동산 자산 가치 상승에 가장 유리한 곳이다. 다른 지역에 사는 사람들은 강남 거주자에 비해 자녀 교육과 재산 증식에서 불리하다. 그래서 공평함이나 평등의 기준에 입각해 우리 동네에도 강남 수준의 사교육이나 부동산 가격 상승을 보장해달라고 요구하는 것이 정당한 권리 주장에 속할 수 있는가?

사람들이 원한다고 다 권리로 인정되는 것은 아니다. 사람들의 희망이나 요구, 필요가 권리가 되기 위해서는, 현실적으로 이를 주장하는 사람들의 사회적 세력 관계가 중요하지만, 보편성이나 긴급성 같은 정당한 논리나 도덕적·윤리적 가치 역시 중요하다. 정당한 논리나 도덕적 가치가 없는 권리 주장은 기득권층의 특권 주장과 다를 것이 없다. 도시에 대한 권리를 처음 주장한 르페브르의 문제의식은 현대 도시가 사용 가치가 아니라 교환 가치에 의해 지배되는 것을 비판하는 것이었다. 그런 점에서 우리 동네에서 좀 더 좋은 삶을 누리기 위해 다른 동네보다 열악한 생활 조건을 개선해달라는 주장은 도시에 대한 권리 주장으로 인정받을 수 있겠지만, 단지 재산상의 이익을 얻기 위해 우리 동네 집값과 땅값을 올려달라는 주장은 인정받기 어렵다.

도시 재개발의 예를 들어보자. 도시의 낙후 지역이 재개발되면 도시 토지의 가치 상승이 이루어지고 도시의 물리적 외관도 개선된다. 토지 소유자들의 경우 상당한 재산상의 이익을 얻는다. 그러나 전면 철거 방식의 도시 재개발은 그곳에 살고 있던 사람들의 주택뿐만 아니라 그들의 인간 관계망과 생활 자체를 파괴하는 효과를 낳는다. 재정착율이 아주 낮은 우리나라 전면 철거 방식의 도시 재개발 과정에서 원래부터 살아온 주민들 대다수는 다른 곳으로 떠나야만 한다. 이런 의미에서 전면 철거 재개발은 인권에 대한 엄청난 침해이기도 하다. 따라서 단지 경제적 이익을 위해 삶의 공간을 파괴하고 그곳 주민들 대다수를 배제하는 도시 재개발은 도시에 대한 권리 주장의 대상이 되기 어렵다. 오히려 도시 재개발 대신 현재 부족한 도시 기반 시설을 보강해가면서 지역의 생활환경을 점진적으로 개선해 나가자는 것이 도시에 대한 권리 주장이 될 수 있다. 단적인 예로, 서울시의 아름다운 마을로 선정되기도 한 은평구 한양주택 주민들은 자신들이 오랫동안 가꾼 마을에서 그냥 그대로 살기를 원했다. 하지만 서울시는 이 지역을 은평뉴타운으로 지정하고 이곳 주민들의 의사와는 무관하게 전면 철거를 강행했다. 결과상으로는 이 지역의 땅값이 상승하고 도시 기능과 미관이 향상됐을지는 몰라도, 이것은 도시에 대한 권리의 증진 사례가 아니라 도시에 대한 권리의 명백한 침해 사례이다.

비슷한 맥락에서, 우리 동네 공립 학교의 교육 환경이 부자 동네보다 못하니 이를 시정해 누구에게나 평등한 교육 환경을 만들어달라고 요구하는 것은 정당한 권리 주장이겠지만, 우리 아이를 명문대에 보낼 수 있도록 특수반 운영과 내신 특혜를 요구한다면 이는 정당한 권리 주장이라 보기 어렵다. 하지만 복잡한 현실 세계에서는 정당한 권리 주장과 부당한 특권 요구를 명쾌하게 구분할 수 없는 모호한 지점들이 무수히 존재한다. 이러한 복잡함과 모호함이 도시에 대한 권리의 현실적 적용을 어렵게 하는 가장 큰 걸림돌이기도 하다.

4. 도시에 대한 권리 주장의 현실적 과제

사용 가치를 중시하는 도시에 대한 권리 개념을 교환 가치가 우선시되는 우리 도시 현실에 실제 적용하는 것은 매우 의미 있는 일이지만 결코 쉽지 않은 과제이다. 따라서 도시에 대한 권리 개념의 정당성과 적용 논리를 탄탄하게 보강하는 것은 물론이고, 우리 도시의 구체적 현실과 그 속에서 살고 있는 주민들의 경험에서 우러나온 요구에 대해 구체적인 조사가 필요할 것이다. 특히 다음에 제시되는 문제들에 대해서는 상당히 세부적이고 구체적인 해결 방안이 사전에 마련되어야 한다.

첫째, 각 권리들 간의 충돌 문제이다. 도시에 대한 권리라는 명분으로 주장되는 다양한 권리들 간에는 상호 모순과 충돌이 불가피하다. 어쩌면 대부분의 사회적 갈등은 각자가 자의적으로 주장하는 권리들 간의 충돌에서 기인한다고 볼 수 있다. 권리들 간의 충돌 사례는 일상생활 속에 무수히 많다. 자신의 흡연권이 타인의 건강권을 위협하고, 자기 집에서 자유롭게 노래를 부를 권리가 이웃의 수면권을 방해한다. 한정된 도로 공간의 사용을 놓고 승용차 이용자, 대중교통 이용자, 자전거 이용자, 보행자의 권리가 서로 대립한다. 공공 공간을 편하게 이용하려는 일반 시민들의 권리가 공공 공간에서 거주하려는 노숙자의 권리와 대립한다. 대형 할인점이나 대형 슈퍼마켓에 대한 규제를 둘러싸고, 이들의 자유로운 영업권과 재래시장 상인들의 생존권이 충돌한다. 또 재래시장 내에서도 소규모 점포를 가진 영세 상인들과 점포를 갖지 못한 노점상의 권리가 충돌한다. 도로라는 공공 공간을 점유한 시위자들의 집회의 자유와 그 길을 지나가는 주민들의 교통권이 충돌한다.

우리의 도시에서 가장 격렬하게 나타나는 권리 충돌은 아마 사유 재산권과 관련된 충돌일 것이다. 우리나라 현행 헌법은 모든 국민의 재산권은 보장되지만 그 내용과 한계는 법률로 정하며, 재산권의 행사는 공공복리에 적합해야 한다고 규정하고 있다. 자본주의의 근간이 되는 권리라고도 할 수 있는 재산권에 대해 일정 정도 규제를 해야 한다는 사회적 합의가 있다 하더라도, 구체적으로 어떤 상황에서 어떤 수준까지 규제할 것인지는 매우 민감하면서도 어려운 문제이다. 우리나라 도시 재개발 과정에서 나타나는 대부분의 문제는 토지와 주택의 재산권을 둘러싼 갈등이라고 해도 과언이 아니다. 토지 및 주택 소유자들이 사유 재산권의 극대화를 희망하는 데 반해, 이 희망이 충족되려면 도시 환경이나 경관, 공공 녹지의 훼손 그리고 세입자들의 희생이 필요하다.

이처럼 어떤 사람이나 집단의 권리 주장은 일반적으로 다른 사람이나 집단의 권리와 상충한다. 따라서 상충하는 권리들 간의 우선순위를 설정하는 것이 중요한 과제가 된다. 그렇다면 어떤 권리, 누구의 권리가 더 우선되어야 하는가? 인간으로서의 존엄성을 유지하기 위해서 언제 어디서나 모든 사람에게 보편적으로 인정되어야 하는 권리가 바로 인권이다. 따라서 인권에 속하는 권리는 다른 권리보다 우선되어야 한다. 또한, 인권에 속하는 권리들은 상호 불가분성을 가지고 있어서 어떤 인권의 침해는 필연적으로 다른 인권의 침해를 가져오기 때문에 모두 보장되어야 한다. 그러나 현실적으로 인권 내에서도 우선순위를 정해야 하는 경우가 생길 수 있다. 인권을 포함해 상충하는 권리들 사이의 우선순위를 결정하는 문제에서는 윤리적·도덕적 측면이나 사회 정의적 측면이 고려될 수밖에 없다. 윤리적으로 볼 때, 생명권이나 신체의 자유와 관련된 권리는 다른 권리들보다 우선되어야만 한다. 예를 들어, 생명권과 재산권이 충돌할 때, 어떤 사람의 생명을 구하기 위해서 다른 사람의 재산권을 침해하는 것이 불가피할 수 있다. 마찬가지로, 절박하거나 긴급한 것이 그렇지 않은 것보다 우선되어야 한다. 또한 다른 권리의 바탕이 되는 권리, 예를 들어 법 앞에 인간으로서 인정받을 권리나, 차별 없이 법의 평등한 보호를 받을 권리 같은 것 역시 다른 권리보다 우선되어야 한다. 사회적으로 인정되지만 다른 사람의 권리에 해를 끼칠 수 있는 권리는 제약될 필요가 있다. 예를 들어, 토지 소유권같이 사회적으로 희소한 자원을 전유하는 것과 관련된 권리들은, 다른 사람들의 식수, 식량,

주거 등 생존권과 충돌할 수 있기 때문에 어느 정도의 사회적 통제가 불가피하다.

한편 성별, 연령, 지위에 상관없이 모든 사람의 권리는 동등하게 보장되어야 하지만, 사회 정의나 평등의 관점에서 볼 때 사회적으로 가장 취약한 사람이나 집단의 권리가 상대적으로 강하고 부유한 사람이나 집단의 권리보다 우선되는 것이 바람직하다. 《정의론*A Theory of Justice*》의 저자 존 롤스J. Rawls의 표현을 빌리면 사회의 '최소 수혜자'에게 우선적으로 혜택이 돌아가는 것이 공정하다.[243] 하지만 현실에서 권리들 간의 우선순위는 윤리적·도덕적 측면보다는 사회적 역학관계에 좌우되는 경우가 많다. 더 많은 권력과 재산을 가진 집단이 더 많은 권리를 갖는 경우가 허다한 것이다. 따라서 윤리적, 도덕적, 사회 정의적 기준에서 권리의 우선순위를 어떻게 정할 것인가에 대한 과제에 이어서, 이렇게 결정된 우선순위를 사회적 역학관계의 불리함에도 불구하고 현실에서 어떻게 실현할 것인가에 대한 과제가 추가된다.

둘째, 도시에 대한 권리의 수혜자, 즉 도시에 대한 권리의 멤버십 문제이다. 보편적 인권이 인류 모두에게 적용되는 권리라면, 시민권은 국민국가의 구성원으로서 자격을 갖춘 사람만 누릴 수 있는 권리이다. 국민국가 단위의 근대적 시민권의 문제점은 국민의 자격을 갖추지 못한 외국인 등이 배제된다는 것이다. 도시에 대한 권리는 이러한 문제점을 극복할

가능성을 열어준다는 점에서 진보적이다. 국적을 갖지 못한 외국인도 도시의 거주자로서 도시에 대한 권리를 가질 수 있기 때문이다. 한 걸음 더 나아가 도시의 임시적 방문자나 통근자도 도시에 대한 권리를 가질 수 있다. 문제는 도시에 대한 권리의 수혜 범위를 어디까지 확대할 것인가이다. 서울에 대한 권리는 현재 서울에 주민 등록이 돼 있는 시민들뿐만 아니라 서울에 매일 출근하는 수도권 거주자들에게도 어느 정도 부여하는 것이 마땅하다. 한데 이런 논리라면 이따금 서울에 오는 지방 거주자들에게도 서울에 대한 권리를 약간은 부여해야 할 것이다. 평생 한두 번 서울을 방문하는 외국인 관광객에게도 아주 조금은 부여해야 할 것이다. 그러나 서울의 발전을 위한 의무와는 전혀 상관이 없는 사람들에게 권리만 부여하는 것이 정당한가? 또 권리에 차별을 둔다면 어떤 기준에 의해 어느 정도로 차별을 두어야 하는가? 도시에 대한 권리 개념은 권리에 필연적으로 수반되는 의무의 문제와 관련해 매우 복잡한 과제들을 안고 있다.

한편 도시에 대한 권리를 문자 그대로 '도시' 거주자들이 누려야 할 권리로 해석한다면, 도시 지역이 아닌 농어촌 지역에 거주하는 사람들은 누릴 수 없는 권리인지 의문이 생길 수 있다. 이때 '도시'를 물리적·행정적 도시 개념으로 한정하여 그곳에 거주하는 주민들만 도시에 대한 권리를 주장할 수 있는 것으로 협소하게 해석해서는 안 된다. 앞에서 살펴보았듯이 앙리 르페브르가 말한 '도시'는 도시화된 사회를 의미하며, 최근 도시에 대한 권리는 다 함께 누려야 하는 집합적·확산적 권리로 간주되고 있다. 따라서 지금 우리에게 도시에 대한 권리는 물리적·행정적 도시 구역을 넘어서 더 넓은 공간 규모scale로 확산되어 더 많은 사람들이 함께 누려야 할 권리로 보아야 한다. 나아가 도시에 대한 권리는 어디에 살던 누구나 누려야 할 공간과 장소에 대한 권리, 주민들의 삶의 터전에 대한 권리, 그 터전에서 일상생활을 향유할 권리라고 보아야 할 것이다.

데이비드 하비처럼 말한다면, 우리의 보다 나은 삶을 위해 삶의 공간을 원하는 바람대로 지키거나 새롭게 만들 수 있는 권리이다. 해군기지 건설로 인해 오랫동안 살아오던 삶의 터전을 국가에 빼앗기게 된 제주 강정마을 주민들의 싸움도, 그곳의 자연 유산인 구럼비 바위가 훼손되지 않게 지키려는 환경 운동가들의 싸움도 도시에 대한 권리를 지키기 위한 외침으로 볼 수 있다.244

하지만 현실에서 국가나 지방정부, 지역 공동체나 시민사회가 인정하고 지켜주는 권리가 되기에는 도시에 대한 권리 개념이 여전히 추상적이고 모호하다. 도시에 대한 권리란 명분으로 구체적으로 누가, 어느 공간에 대해, 어느 정도 수준의 권리를 인정받을 수 있을지 합의하는 것은 아직 쉽지 않다. 큰 목소리로 권리를 외치지만 이에 수반되는 책임과 의무를 회피하는 사람들이 많다면 그 합의는 더욱 더 어려울 것이다.

셋째, 권리를 보장하는 데 소요되는 비용의 문제이다. 자유권을 제대로 보장하는 데도 경찰력 유지 등 제법 돈이 들지만, 주택, 교육, 문화 등 사회권을 보장하는 데는 훨씬 많은 돈이 든다. 국가나 지방 자치 단체가 돈이 없다면 사회권은 보장되기 어렵다. 그렇다면 그 돈을 어디서 조달하고 누가 부담할 것인가의 문제가 발생한다. 아무리 필요한 권리라 해도 그 권리의 보장에 필요한 물질적 토대를 갖추지 못한 사회라면 그 권리를 보장해줄 수 없다. 물질적 토대가 갖춰졌다 하더라도, 그 비용을 누가 어느 정도 부담할 것인가에 대한 문제가 제기될 수 있다. 또 개인이나 집단의 입장에서 권리의 수혜 정도와 비용의 부담 정도가 일치하지 않을 때, 즉 권리는 적은데 비용 부담만 크거나 권리는 많은데 비용 부담은 적을 때 그 괴리가 어느 정도 용인될지와 관련해서도 복잡한 문제가 제기된다.

넷째, 현실적으로 존재하는 도시들 간의, 도시 내부의 각 구역들 간의 격차 문제이다. 선진국 국민들은 자유권과 사회권 등 다양한 인권을 보장받는다. 그러나 경제적·정치적으로 뒤떨어진 나라에 사는 국민들은 인권을 보장받기 어렵다. 똑같은 문제가 국가 차원뿐만 아니라 도시나 지역 차원에서도 나타난다. 부유한 도시나 지역에 거주하는 사람은 부유한 지방 정부가 제공하는 다양한 혜택을 누리는 반면, 가난한 도시나 지역에 거주하는 사람은 그러지 못한다. 재정적 여유가 있는 풍족한 지자체는 가난한 지자체보다 훨씬 질 높은 공공 서비스를 제공할 수 있다. 실제로 우리나라에서 지방세 수입이 가장 많은 서울 강남 지역의 구청들은 지역 주민들의 교육, 문화, 여가, 레저 등에 상당한 지원을 하고 있다. 하지만 낙후 지역의 경우 주민들의 요구는 많지만 이러한 요구를 충족시켜줄 여력이 없다. 한 국가 안에서 지역과 도시들 간에, 한 도시 안에서 구역들 간에 존재하는 격차를 적절히 완화해주지 못하면 지역 간, 도시 간, 도시 내 구역 간 갈등이 싹트게 된다. 또 부자 동네와 가난한 동네 사이의 사회적·공간적 단절과 격리가 생길 수 있다. 이런 단절과 격리가 극단적으로 진행된 예가 미국이나 남미 도시에서 간간이 보이는, 무장한 사설 경비원이 지키고 있는 부자들만의 '폐쇄 공동체'이다. 국가 간의 불평등 문제를 그보다 한 차원 위인 세계 단위에서 다룰 수밖에 없듯이, 도시나 지역 간의 불평등 문제는 필연적으로 이보다 한 차원 위인 국가 단위에서 다룰 수밖에 없다. 하지만 과연 어느 정도까지 도시 간, 지역 간 불평등을 용인하고, 어느 정도까지 국가가 개입할 것인지와 관련해서는 역시 해결할 과제가 많다.

이처럼 도시에 대한 권리를 주장할 때 제기되는 여러 현실적 문제들을 해결하기 위해서는, 우선 권리에 책임과 의무가 반드시 수반된다는 사실을 인정해야만 한다. 책임과 의무가 따르지 않으면 권리 주장은 이기적인 개인이 자기 이익을 극대화하려는 것과 쉽게 구별되지 않기 때문이다. 납세 능력이 있는 사람이 세금을 내지 않으면서 학교에서 교육받을 권리나 병원에서 치료받을 권리 등을 요구한다는 것은 모순이다. 권리에는 반드시 책임이 따른다는 것을 인정할 때, 앞서 말한 여러 가지 문제, 즉 권리들 간의 충돌 문제, 권리의 수혜자 문제, 권리를 보장하는 데 소요되는 비용 문제에 대한 해결의 실마리를 찾을 수 있다. 즉 개인의 권리는 그 권리를 인정하고 그 권리를 가능케 하는 사회적 제도를 만들고 유지하는 사람들 사이의 책임감에 의해 지지될 때만 의미가 있다.[245] 권리와 책임을 연결하는 고리는 적극적인 참여이다. 그래서 도시에 대한 권리 헌장을 선포한 선진국의 도시들은 권리와 동시에 의무와 참여의 조항을 명기하고 있다. 결국 나 혼자만의, 내가 속한 집단만의 권리를 주장하기보다 도시를 하나의 공동체로 여기고 이 공동체를 내가, 우리가 책임진다는 자세로 적극 참여하는 주체가 될 때, 앞에서 언급한 여러 가지 난제가 해결될 수 있는 실마리가 보일 것이다. 권리와 책임이 조화를 이룰 때 사회는——그 지리적 구성 범위가 도시 단위이건 국가 단위이건 세계 단위이건 간에——내부의 갈등을 극복하고 구성원들의 공생을 이룰 수 있다.

　책임과 함께 반드시 강조해야 할 것이 사회적 약자나 소수자에 대한 포용이다. 사회적 약자가 경제적·육체적 능력이 없어 세금을 내지 못하고 공동체 구성원으로서 책임을 다하지 못하더라도 이들을 포용하고 이들의 권리를 인정해야 한다. 이익 집단과 공동체의 차이가 바로 여기에 있다. 도시를 이익 집단이 아니라 공동체로 여긴다면, 가난해서 세금을 내지 못하는 이들에게도 세금을 많이 내는 부자들과 똑같이 동등한 권리를 보장해야 한다. 덧붙여 어린이, 유아, 아직 태어나지 않은 세대처럼 자기 권리를 제대로 주장할 수 없는 미래 집단의 목소리도 반영해야 한다. 그래야 도시라는 공동체가 미래에도 지속될 수 있다.

  우리나라 사람 열 명 중 아홉 명이 지금 도시에서 일상적 삶을 살아가고 있다. 도시에서 살지 않는 나머지 사람들도 도시와 이런저런 연계를 맺고 있다. 지금 우리나라는 1960년대에 르페브르가 예측한 완전한 도시 사회로 가고 있다고 해도 과언이 아니다. 그렇다면 지금 우리의 도시적 삶은 행복한가? 우리의 도시는 시민들에게 좋은 일터, 편안한 안식처의 역할을 하고 있는가? 만약 그렇지 못하다면 원인은 어디에 있는가? 르페브르의 개념을 빌려 그 원인을 따져보자면, 우리의 도시가 총체적 삶의 터전이 아니라 단지 거주처에 불과하기 때문이다. 그리고 그렇게 된 것은 우리 도시가 주민들의 사용 가치가 아니라 교환 가치에 의해 지배되기 때문이다. 르페브르의 자본주의 도시 분석과 그 대안으로서의 도시에 대한 권리 주장은 현재 우리 도시가 당면하고 있는 구조적 문제와 앞으로 우리 도시가 나아가야 할 방향에 대해 많은 시사점을 주고 있다. 또한 도시에 대한 권리 개념은 실천 운동 차원에서도 상당한 시사점을 준다.

지금까지 우리는 도시를 공간적 차원의 개념으로, 권리 혹은 인권을 정치적 차원의 개념으로 바라보는 것에 익숙했다. 그런데 도시에 대한 권리 주장은 도시를 정치적 개념으로, 권리를 공간적 개념으로 바라보게 함으로써, 지금까지 서로 각각 다른 차원에서 논의되던 도시와 권리 개념을 서로 연결시켜준다. 도시에 대한 권리 개념의 또 하나의 함의는 도시에 대한 권리는 저절로 주어지는 것이 아니며 그 내용이 선험적으로 결정되는 것도 아니라는 것이다. 도시에 대한 권리는 시민들의 요구와 외침을 통해 만들어가는 것이고, 투쟁을 통해 쟁취하는 것이다. 그리고 이 과정에서 도시에 대한 소속감과 공동체 의식이 형성되는 것이다. 1960년대에 도시 관료나 전문가들의 관점에서 강행된 미국 주요 도시의 재개발 과정에서 도시 저소득층의 소중한 삶의 터전들이 무참히 파괴되는 것을 목격하고, 도시 재개발 반대 운동에 앞장섰던 제인 제이콥스Jane Jacobs가 "도시는 모든 사람에 의해 만들어지기 때문에, 그리고 모든 사람에 의해 만들어질 때만이 모든 이에게 뭔가를 제공할 수 있다"라고 말한 것도 마찬가지 맥락이다.246

그렇다면 도시에 대한 권리를 주장하는 것은 일반적인 인권이나 국민의 기본권을 주장하는 것과 어떠한 차이가 있을까? 도시에 대한 권리는 도시라는 삶의 터전, 즉 일상생활 공간에서의 인권을 강조하기 때문에 일반적인 인권보다 더 구체적일 수 있다. 예를 들어, 집회의 자유가 국민의 기본권으로 주장될 수 있다면, 서울 광장에서의 집회의 자유는 도시에 대한 권리로 주장될 수 있다. 사실 집회의 자유는 헌법에 의해 보장된 권리이기 때문에 우리나라 어디서나 누구에게나 보장되어야 한다. 그런데 이러한 집회의 자유가 서울 광장에서는 잔디를 보호해야 한다는 어처구니없는 이유로 제약되고 있는 현실이다. 우리는 국민의 기본권 차원에서 서울 광장에 대한 권리를 요구할 수 있을 뿐만 아니라 서울시 주민으로서, 서울이라는 도시의 이용자로서 서울 광장에 대한 권리를 요구할 수 있는 것이다.

지금까지 인권의 보장 단위이자 보장 주체는 바로 국가였다. 그런데 주거권, 보행권 등 주민 밀착형 권리는 국가보다 작은 도시나 지역이 보장 단위와 주체가 될 때 더 잘 보장받을 수 있다. 물론 국민국가도 여전히 중요하다. 왜냐하면 도시나 지역이 모든 것을 해줄 수는 없기 때문이다. 우리나라 같이 중앙 집권의 역사가 오래되고 사람들의 영토적 정체성이 지역보다는 국가 단위로 형성돼 있는 나라에서는 더욱 그렇다. 또 도시에 대한 권리는 각 도시의 상황에 따라 특수하고 구체적이기 때문에 보편성이 일부 제약될 수도 있다. 서울에서 필요한 도시에 대한 권리와 지방 중소 도시에서 필요한 도시에 대한 권리가 다를 수 있고 또 달라야 한다. 중앙 정부와 보편적 인권을 무시하고 도시에 대한 권리만을 주장하자는 것이 아니다. 국가적 차원의 보편적 인권은 그것대로, 각 도시의 상황에 맞는 그 도시 특유의 도시에 대한 권리는 그것대로 동시에 주장해야 하는 것이다.

한편, 도시에 대한 권리에 속하는 어떤 권리들은 아직 일반적 인권이나 국민의 기본권으로 인정받지 못하고 있다. 월스트리트를 점령한 시위대가 도시에 대한 권리를 외쳤어도 결국 월스트리트에서 쫓겨날 수밖에 없었다. 이 경우 도시에 대한 권리는 인권이나 기본권의 바깥에 있는 권리이다. 만약 이러한 권리를 요구하는 요구와 외침이 커지게 된다면 입법화나 판례를 통해 법적 권리로 인정받게 된다. 한 예로 세입자를 보호하는 주택임대차보호법은 1981년 처음 제정되었으며 그 이후 점진적이나마 세입자의 권리가 확대되는 방향으로 개정되고 있다. 실정법에서 인정받지 못하던 도시에 대한 권리가 법적으로 인정받는 과정은 그 사회의 기본권과 인권의 확장 과정이 된다.

다시 한번 강조하지만 권리는 저절로 인정되지 않으며, 쉽게 제도화되는 것도 아니다. 권리를 갖지 못한 억압된 사람들이 권리를 요구하고 주장하지만, 기득권층이 쉽게 그것을 인정해주지는 않는다. 당사자들의 적극적인 권리 주장이나 투쟁을 통해 사회적 의식이나 세력 관계가 변하면서 권리가 사회적으로 인정받게 되고, 결국 법적·제도적으로 보장받게 되는 것이다. 법적·제도적으로 권리가 보장되었다고 해도 끝은 아니다. 과거 군사 정권 시절에도 국민의 기본권을 보장하는 헌법이 있었지만, 고문 같은 반인권적·반헌법적 행위들이 국가 권력에 의해 거리낌 없이 자행되었다. 1987년 6월 민주항쟁과 대통령 직선제 개헌으로 국민이 직접 대통령을 선출할 수 있게 된 이후에도 이명박 정부 시절, 양천 경찰서 고문 사건과 총리실 민간인 불법 사찰 등에서 볼 수 있듯이 권력의 국민 기본권 침해가 여전히 자행되고 있다. 법과 제도에 명문화된 권리들이 사문화되지 않으려면 지속적 노력과 투쟁이 필요한 것이다.[247]

결국 우리의 과제는 일상생활에서 누려야 할 권리의 목록과 내용을 확장하는 것이다. 즉, 지금까지 법적으로는 보장되어 있었지만 사실상 사문화되어 있던 권리들을 실질적으로 보장하고, 아직까지 법적·현실적으로 권리로 인식되지 못했던 것들을 인간으로서 당연히 누려야 할 권리 안에 새롭게 포함시키는 것이다. 도시에 대한 권리는 도시에서 살아가는 사람들이 누릴 수 있는 권리 목록의 총합이라고 할 수 있다. 우리의 과제는 도시에 대한 권리의 범위를 확장하고 그 수준을 높이는 것이다.

유엔인권선언이 제정된 지 70년이 지났고, 르페브르가 처음 주장한 도시에 대한 권리가 실정법적 권리로 구현되고 있고, 유엔 산하 기구가 앞장서서 이를 현실 도시 정책에 적용하려 노력하고 있는 세계 현실에서, 우리 사회도 이제는 보편적 인권에 대해, 그리고 도시에 대한 권리에 대해 적극적 관심을 기울이며 실천에 임해야 한다. 인권과 도시가 교차하는 지점에 대한 사회적 관심과 심도 깊은 연구가 필요한 시기이다.

1 결국 성미산 한쪽 측면을 소유한 학원 재단은 주민들의 반대에도 불구하고 법적 절차를 거쳐 학교를 신축하였다. 그렇지만 성미산은 우리 도시의 새로운 대안을 상징하는 단어로 자리 잡아가고 있다. 공동 육아, 대안학교, 성미산 지키기 운동, 마포 두레 생협, 성미산 마을극장 등 도시 속에서 공동체를 찾으려는 새로운 시도들이 성미산 주민들에 의해 이루어졌다. 성미산 공동체 형성 과정을 잘 소개한 책으로는 유창복, 《우린 마을에서 논다》(또하나의문화, 2010)가 있다. 최근의 성미산 지키기 투쟁에 대해서는 성미산대책위원회 블로그 참조(http://blog.naver.com/supsubi)

2 2010년 5월 6일 서울 광장에서 근 2년여 만에 처음으로 진보 성향의 시민 사회 단체가 주관하는 '광장에서 표현의 자유를 외치다'라는 집회가 허가되었다. 한 유엔 보고관의 방한 덕분에 그나마 집회 허가가 가능했던 것 같다. 하지만 허가의 전제 조건이 있었다. 잔디를 훼손하지 말 것, 구호를 외치지 말 것, 팻말을 들지 말 것 등이었다. 결국 집회는 열렸는데 서울 광장 잔디밭은 잔디 보호를 위해(?) 쇠사슬로 둘러쳐진 채 출입이 금지됐다. 오세훈 서울 시장이 오잔디라는 별명을 얻은 것은 아마 이때부터인 것 같다.

3   오세훈 시장이 사퇴한 후 서울시장 보궐선거에서 새 시장으로 당선
    된 박원순 시장은 2011년 12월 서울 광장 조례에 대해 오세훈 전 시
    장이 제기했던 소송을 취하하였다.

4   2010년부터 시작된 두리반 철거 반대 투쟁은 문화예술인들이 중심
    이 된 지원 농성과 시민들의 관심이 이어지면서 농성 531일 만인
    2011년 6월 8일 건물주와 합의가 이루어져 2011년 12월 원래 가게
    가까운 곳에서 다시 문을 열게 되었다. 두리반은 그래도 사회적 관
    심과 지원에 힘입어 건물주와 합의를 이룬 경우이지만, 한남동 테이
    크아웃드로잉, 서촌 궁중족발 등 많은 곳에서 두리반과 유사한 상가
    세입자들의 억울한 내몰림이 계속 이어지고 있다.

5   앙리 르페브르는 1901년에 태어나 1991년 사망할 때까지 철학, 예
    술, 문학, 일상생활, 마르크스주의 등 다양한 분야에서 정력적으로
    연구에 임해 300편이 넘는 글과 60권이 넘는 저서를 남겼다. 그러나
    그는 단순히 상아탑에 머문 학자가 아니었다. 나치 치하에서 레지스
    탕스 활동을 하고, 공산당원이 되고, 스탈린 체제를 비판하다가 프
    랑스 공산당에서 축출되고, 프랑스 68운동의 정신적 지도자 역할을
    하는 등, 그는 현실에 대해 끊임없이 비판하고 자발적으로 행동한
    실천적 지식인이었다. 르페브르는 젊은 시절에 헤겔과 마르크스의
    철학과 소외 문제 등에 관심을 갖고 《변증법적 유물론*Le matérialisme
    dialectique*》 등을 집필했다. 이후 농촌 문제와 일상성 비판에 몰두했
    고, 그의 가장 유명한 저서 《일상생활 비판*Critique de la vie quotidienne*》
    3부작 등 많은 역작을 남겼다. 60세가 넘어 노년에 접어들어서는 도
    시 연구에 몰두해, 마르크스주의적 관점에서 도시를 새롭게 분석한
    훌륭한 저작들을 많이 남겼다.

6   르페브르는 마르크스의 《자본론》 초판 출간(1867) 100주년을 기념
    하는 의미에서 1967년에 《도시에 대한 권리》를 쓰기 시작해, 1년 후

인 1968년에 출간했다. 별로 두껍지 않은 이 책이 도시에 초점을 맞춘 그의 초기 저작이라고 할 수 있다. 이후 그는 1970년 《도시 혁명 *La révolution urbaine*》, 1972년 《마르크스주의와 도시 *La pensée marxiste et la ville*》, 1973년 《자본주의의 생존 *La survie du capitalisme: la re-production des rapports de production*》, 《공간과 정치 *Espace et politique*》(《도시에 대한 권리》 2부)를 잇따라 집필했고, 1974년 도시와 공간에 관한 기념비적인 저서 《공간의 생산 *La production de l'espace*》을 완성했다. 아쉽게도 르페브르의 도시 관련 저작은 아직 한 권도 국내에서 번역되지 않았다. 하지만 르페브르를 소개한 책들은 국내에 제법 출간된 편이다. 르페브르의 도시 연구 전반을 쉽게 소개한 책으로는 앤디 메리필드, 《매혹의 도시, 맑스주의를 만나다》, 남청수 외 옮김(시울, 2005)이 있다. 이 책은 르페브르뿐만 아니라 다른 마르크스주의자들의 도시 연구도 쉽게 요약해 소개하고 있다. 이 밖에 국내에 번역된 다음과 같은 영어권 책들이 르페브르의 도시 이론을 잘 요약·소개하고 있다. 데이비드 하비, 《사회정의와 도시》, 최병두 옮김(종로서적, 1983); 피터 손더스, 《도시와 사회이론》, 김찬호 외 옮김(풀빛, 1991); 에드워드 소자, 《공간과 비판사회이론》, 이무용 외 옮김(시각과 언어, 1997). 한편 르페브르가 1960년대 말에서 1970년대 초까지 도시에 대해 쓴 주요 책들의 프랑스어 원서 및 영어 번역본은 다음과 같다.

《도시에 대한 권리》: *Le droit à la ville*(Paris: Anthropos, 1968) / *Right to the City*, E. Kofman·E. Lebas (eds.·trans.), *Writings on Cities* (Oxford: Wiley-Blackwell, 1996). *Writings on Cities*에는 르페브르가 1968년에 쓴 *Le droit à la ville*, 1973년에 쓴 *Espace et politique*의 서문 및 일부 내용과 기타 몇 가지 짧은 논문들이 번역되어 있다.

《도시 혁명》: *La révolution urbaine*(Paris: Gallimard, 1970) / *The*

Urban Revolution, Robert Bononno (trans.)(Minneapolis: University
of Minnesota Press, 2003).

《마르크스주의와 도시》: *La pensée marxiste et la ville*(Casterman,
1972).

《자본주의의 생존》: *La survie du capitalisme: la re-production des rapports de production*(Paris: Anthropos, 1973) / *The Survival of Capitalism: Reproduction of the Relations of Production*, F. Bryant (trans.)
(London: Allison & Busby, 1976).

《공간과 정치》: *Espace et politique*(Paris: Anthropos, 1973) / "Space
and Politics", E. Kofman·E. Lebas (eds.·trans.), *Writings on Cities*.

《공간의 생산》: *La production de l'espace*(Paris: Anthropos, 1974)
/ *The Production of Space*, Donald Nicholson Smith (trans.)(Cambridge, MA: Blackwell, 1991).

7 르페브르의 도시관을 올바로 이해하기 위해서는 그가 도시 사회
   urban society라고 지칭한 것과, 도시city라는 경계를 가진 물리적 공
   간을 혼동하지 말아야 한다. 르페브르의 주장에 따르면 도시 혁명은
   도시 사회를 형성하며, 이 단계에서는 도시와 농촌의 물리적 구분의
   중요성이 감소한다.

8 H. Lefebvre, *The Survival of Capitalism: Reproduction of the Relations
   of Production*, F. Bryant (trans.)(London: Allison & Busby, 1976),
   21쪽.

9 피터 손더스,《도시와 사회이론》, 김찬호 외 옮김(풀빛, 1991), 170
   쪽에서 재인용.

10 이와 같은 르페브르의 주장은 당시 프랑스 학계에서 그다지 호응을
   얻지 못했다. 단적인 예로, 르페브르가 몸담고 있던 낭테르 대학에
   서 르페브르의 제자로서 역시 마르크스주의에 입각한 도시 연구에

몰두했던 마누엘 카스텔Manuel Castells은 산업 사회가 도시 사회로 대체되고 있다는 르페브르의 전제 자체를 부인하고, 공간과 도시 영역에서의 투쟁을 강조하는 르페브르의 사고가 '공간 물신주의', '형이상학적 가정에 기초한 이데올로기'의 오류에 빠져서 이론적 혼란을 야기한다고 비판했다. 카스텔은 도시나 공간은 그 자체로서 중요한 연구 대상이 되지 못하며, 그보다 더 근원에 있는 사회 구조의 표현에 불과하다고 보았다. 카스텔의 이러한 입장은 알튀세르가 주창한 구조주의 마르크스주의에 입각한 것이었다. 카스텔의 르페브르 비판의 요지에 대해서는 앤디 메리필드,《매혹의 도시, 맑스주의를 만나다》, 남청수 외 옮김(시울, 2005); 피터 손더스,《도시와 사회이론》; 에드워드 소자,《공간과 비판사회이론》, 이무용 외 옮김(시각과 언어, 1997) 참조.

11 에드워드 소자,《공간과 비판사회이론》, 119쪽.

12 1968년에 프랑스뿐만 아니라 유럽, 미국, 일본 등지를 휩쓴 68운동을 쉽고 명료하게 소개한 책으로는 이성재,《68운동》(책세상, 2009)이 있다.

13 68운동 당시 르페브르의 입장 및 68운동 지도부 학생들에게 그가 미친 영향에 대해서는 앤디 메리필드,《매혹의 도시, 맑스주의를 만나다》, 197~198쪽 및 이성재,《68운동》, 105쪽 참조.

14 프랑스 파리 근교의 그랑 앙상블은 외관상 지금 우리나라 대도시의 아파트 단지와 아주 흡사하나 내용적으로는 다른 점이 많다. 우선 그랑 앙상블은 대부분 임대 주택 단지이다. 그리고 그랑 앙상블에 사는 사람들은 프랑스 사회의 저소득층이고 특히 외국인 이주자 출신들이 많다. 최근 그랑 앙상블 주민 중에서 가난한 외국인 이주자 출신의 비중이 더욱 커지면서 이 지역의 슬럼화와 사회적 배제가 심화되었고, 그것이 2005년 프랑스 도시들을 휩쓴 이민자 폭동의 원

인이 되었다. 그랑 앙상블이라고 불리는 프랑스 파리 근교의 아파트 단지에 대한 소개 및 이를 우리나라 아파트 단지와 비교한 글로는 발레리 줄레조, 《아파트 공화국―프랑스 지리학자가 본 한국의 아파트》, 길혜연 옮김(후마니타스, 2007); 봉인식·김도년, 〈아파트단지 건설을 통해서 본 한국과 프랑스 주택정책 비교 연구〉, 《국토계획》 제38권 6호(대한국토도시계획학회, 2003) 참조.

15 대도시 반식민지 현상에 대한 르페브르의 설명은 다음과 같다. "더 이상 옛날식 의미의 식민지는 없다. 그러나 농촌 지역에서 온 이주자들, 많은 수의 외국인 노동자들, 그리고 노동자 계급이나 인텔리 계급에 속하는 수많은 프랑스인들을 공간적 격리segregation라는 방법과 체계를 통해 집중적 착취로 종속시키는 대도시 반식민지가 이미 존재하고 있다." H. Lefebvre, "Reflections on the politics of Space", *Antipode*, vol. 8(1976), 30~37쪽. 번역본은 르페브르, 〈공간 정치에 관한 반성〉, 최병두 외 엮고 옮김, 《자본주의 도시화와 도시계획》(한울, 1989), 244쪽.

16 H. Lefebvre, *Right to the City*, 80·188쪽에서 거주를 거주처로 환원, 왜소화하는 문제를 지적하고 있다.

17 하이데거의 저서 《존재와 시간》 등에서 언급되는 '거주wohnen' 개념은 그의 철학에서 인간의 근본적 존재 및 타 존재와의 관계와 관련된 핵심 개념이다. 하이데거는 현대 사회에서 '거주'가 위협받는 문제를 지적했다.

18 H. Lefebvre, *Right to the City*, 215쪽.

19 이 부분은 강현수, 〈'도시에 대한 권리' 개념 및 관련 실천 운동의 흐름〉, 《공간과 사회》 제32호(한국공간환경학회, 2009)의 내용을 축소 요약한 것이다.

20 프랑스어 oeuvre는 작가나 예술가들이 일생에 걸쳐 공들여 만든 작

품이라는 의미를 담고 있다.

21 H. Lefebvre, *Right to the City*, 65~66쪽.

22 H. Lefebvre, *Right to the City*, 173~174쪽.

23 M. Purcell, "Citizenship and the right to the global city: reimagining the capitalist world order", *International Journal of Urban and Regional Research*, vol. 27, no. 3(2003), 577~578쪽.

24 H. Lefebvre, *Right to the City*, 179쪽.

25 사실 전유appropriation라는 개념은 매우 난해하고 다양한 해석과 용법이 가능한 개념이다. 르페브르에 따르면, 마르크스에게 전유 개념은 재산property 개념과 반대되는 것은 확실하지만 명확하게 구분되지는 않는다. 르페브르가 보기에 마르크스가 전유와 소유, 혹은 전유와 지배domination를 명확하게 구분하지 못한 것은 바로 공간에 대한 이해 부족 때문이었다. 르페브르는 비판적 공간 연구를 통해서만 전유 개념이 명확해질 수 있다고 보았다. H. Lefebvre, *The Production of Space*, Donald Nicholson Smith (trans.)(Cambridge, MA: Blackwell, 1991), 165쪽.

26 M. Dikeç, "Justice and the spatial imagination", *Environment and Planning A*, vol. 33(2001), 1790쪽.

27 H. Lefebvre, *Right to the City*, 158쪽.

28 H. Lefebvre, *Right to the City*, 195쪽.

29 M. Purcell, "Citizenship and the right to the global city: reimagining the capitalist world order", *International Journal of Urban and Regional Research*, vol. 27, no. 3(2003), 578쪽.

30 E. Kofman·E. Lebas (eds.·trans.), *Writings on Cities*, 33쪽.

31 프랑스어 citadin은 도시 거주자city dweller를 의미한다.

32 E. Kofman·E. Lebas (eds.·trans.), *Writings on Cities*, 34쪽에서 재

인용.

33 M. Dikeç, "Justice and the spatial imagination", *Environment and Planning A*, vol. 33(2001), 1790쪽.

34 H. Lefebvre, *Le manifeste différentialiste*(Paris: Gallimard, 1970).

35 H. Lefebvre, *The Production of Space*.

36 E. Soja, *Thirdspace: Journeys to Los Angeles and other Real-and-Imagined Places*(Blackwell, 1996), 35쪽.

37 차이 개념과 관련해 독자들의 이해를 돕기 위해 소개할 만한 글로는 이남석,《차이의 정치―이제 소수를 위하여》(책세상, 2001)가 있다.

38 H. Lefebvre, *Du contrat de citoyenneté*(Paris: Syllepse, 1990). 이 책의 일부 내용은 영어로 번역되어 S. Elden·E. Lebas·E. Kofman (eds.), *Henri Lefebvre: Key Writing*(Continuum International Publishing Group, 2003), 238~254쪽의 "From the Social Pact to the Contract of Citizenship"에 담겨 있다.

39 H. Lefebvre, "From the Social Pact to the Contract of Citizenship", S. Elden·E. Lebas·E. Kofman (eds.), *Henri Lefebvre: Key Writing*(Continuum International Publishing Group, 2003), 249~254쪽.

40 파리 코뮌 선언의 의의와 전체 내용에 대해서는 류은숙,《인권을 외치다》(푸른숲, 2009), 86~94쪽 참조.

41 앤디 메리필드,《매혹의 도시, 맑스주의를 만나다》, 196쪽.

42 D. Mitchell, *The Right to the City: Social justice and the fight for public space*(New York·London: The Guilford Press, 2003), 28~29쪽.

43 앤디 메리필드,《매혹의 도시, 맑스주의를 만나다》, 167쪽.

44 E. Kofman·E. Lebas (eds.·trans.), *Writings on Cities*, 35쪽 및 E. Kofman, "Introduction: the country and the city", S. Elden·E. Lebas·E.

Kofman (eds.), *Henri Lefebvre: Key Writing*(Continuum International Publishing Group, 2003), 110쪽.

45 D. Harvey, "Debates and developments: the right to the city", *International Journal of Urban and Regional Research*, vol. 27, no. 4(2003), 939쪽.

46 D. Harvey, "The Right to the City", *New Left Review* 53(2008년 9~10월), 23쪽.

47 D. Harvey, "The Right to the City", *New Left Review* 53(2008년 9~10월), 39쪽.

48 D. Harvey, "The Right to the City", *New Left Review* 53(2008년 9~10월), 40쪽.

49 데이비드 하비,《반란의 도시: 도시에 대한 권리에서 점렴운동까지》, 한상연 옮김(에이도스, 2014). 이 책의 원제는 *Rebel Cities:From The Right To The Urban Revolution*(Verso, 2012)이다.

50 데이비드 하비,《반란의 도시: 도시에 대한 권리에서 점렴운동까지》. 한상연 옮김(에이도스, 2014), 9쪽.

51 데이비드 하비,《반란의 도시: 도시에 대한 권리에서 점렴운동까지》. 한상연 옮김(에이도스, 2014), 13쪽.

52 데이비드 하비,《반란의 도시: 도시에 대한 권리에서 점렴운동까지》. 한상연 옮김(에이도스, 2014), 18쪽.

53 데이비드 하비,《반란의 도시: 도시에 대한 권리에서 점렴운동까지》. 한상연 옮김(에이도스, 2014), 233~235쪽.

54 M. Purcell, "Citizenship and the right to the global city: reimagining the capitalist world order".

55 M. Dikeç, "Justice and the spatial imagination", 1785~1805쪽; M. Dikeç, "Police, politics, and the right to the city", *Geojournal*, vol. 58,

no. 2~3(2002), 91~98쪽.

56 M. Purcell, "Citizenship and the right to the global city: reimagining the capitalist world order", *International Journal of Urban and Regional Research*, vol. 27, no. 3(2003), 578쪽.

57 르페브르는 가능한 최대의 프로그램인 혁명과 최소의 프로그램인 개혁의 구분이 갈수록 모호해지고 있다고 본다. 개혁적 프로그램조차 이미 그 안에 노동 해방과 생산관계 변형이라는 혁명적 내용을 담고 있기 때문이다. 그럼에도 불구하고 굳이 혁명과 개혁을 구분할 필요성이 있다면, 그것은 가족 관계와 노동 그 자체를 포함한 인생 전체를 완전히 변화시키는 혁명을 위해 목숨을 걸고 투쟁하는 사람들이 존재하기 때문이며, 그들에게 존재 의미를 부여하기 위해서라고 한다. 최대 프로그램인 혁명은 완전히 새로운 사회적 관계를 요구하는 것이다. H. Lefevbre, *The Survival of Capitalism: Reproduction of the Relations of Production*, 99~100쪽 참조.

58 J. Friedmann, "The right to the city", *Development Dialogue*, vol. 1 (1987), 138쪽.

59 성당 앞 같은 공유 공간을 의미한다. 라틴계들이 모여 사는 저소득층 주거지를 뜻하기도 한다.

60 M. Douglass·J. Friedmann (eds.), *Cities for Citizens: Planning and the Rise of Civil Society in a Global Age*(Academy Press, 1998).

61 프리드먼이 관심을 가진 반항적 시민권은 이른바 급진 민주주의적 내용을 담은 시민권으로, 제임스 홀스턴과 샹탈 무페Chantal Mouffe 의 논의에 근거하고 있다.

62 J. Friedmann, *The Prospect of Cities*(Univ. of Minnesota Press, 2002), 71~86쪽.

63 J. Friedmann, *The Prospect of Cities*, 101~102쪽.

64 D. Mitchell, *The Right to the City: Social justice and the fight for public space*.

65 2010년 G20 정상 회의의 서울 개최를 앞두고 이명박 정부와 한나라당은 G20 정상 회의가 성공해야 한다는 명분으로 야간 옥외 집회를 금지하는 〈집회 및 시위에 관한 법률〉 개정안을 야당과 시민 단체의 반대에도 불구하고 강행 처리하려 했다. 미첼은 그의 책에서 사회 정의를 위해 공공장소에서 자유로운 집회 및 시위가 보장되어야 한다고 했다. 그런데 이명박 정부와 한나라당은 자신들이 내건 이른바 '공정 사회'를 위해서 야간 옥외 집회를 금지해야 한다고 주장하고 있으니 참으로 역설적이다.

66 여기서 다룬 사례들은 UNESCO·UN-HABITAT, *Urban Policies and the Right to the City-Rights, Responsibilities and Citizenship*(Paris: UNESCO, MOST, 2009)에 소개된 것들을 중심으로 선정했다.

67 E. Fernandes, "Constructing the 'Right to the City' in Brazil", *Social and Legal Studies*, vol. 16, no. 2(2007), 204~208쪽.

68 브라질의 도시화 과정 및 정치적 변화, 그리고 주택 정책의 흐름에 대해 상세히 정리한 국내 문헌으로는 장세훈, 〈제3세계 발전주의 국가에서의 민주화와 주거복지―한국과 브라질의 도시 저소득층 주택정책의 비교 연구〉,《도시연구》제5호(한국도시연구소, 1999), 81~151쪽 참조.

69 사용취득권Usucapiao은 역소유권adverse possession, 즉 오랜 기간 점유한 사람이 법적 소유권을 넘겨받을 수 있는 권리이다. 브라질은 1988년 신헌법에 5년 이상 250제곱미터 이하의 소규모 민유지를 평화롭게 점유한 경우 그 점유권을 인정해주는 규정을 신설했다. 이는 타인의 토지를 무단 점유한 무허가 정착지 주민을 범법자로 간주하고 처벌 대상으로 삼기보다는 정상적인 시민으로 인정하고 이들

의 점유 이용 행위를 합법화하겠다는 정책 의지를 밝혔다는 점에서 의의가 있다. 장세훈, 〈제3세계 발전주의 국가에서의 민주화와 주거복지—한국과 브라질의 도시 저소득층 주택정책의 비교 연구〉, 126쪽 참조.

70 E. Fernandes, "Constructing the 'Right to the City' in Brazil", *Social and Legal Studies*, vol. 16, no. 2(2007), 214쪽; 장세훈, 〈제3세계 발전주의 국가에서의 민주화와 주거복지—한국과 브라질의 도시 저소득층 주택정책의 비교 연구〉, 126쪽.

71 라즈 파텔, 《경제학의 배신-아직도 시장이 만능이라고 생각하십니까?》, 제현주 옮김(북돋움, 2016), 219~220쪽.

72 http://www.polis.org.br에서 브라질 도시법의 전문을 볼 수 있다.

73 에콰도르 헌법 조문 내용은 중남미 각국의 헌법을 모아놓은 미국 조지타운 대학 남미 연구센터의 아메리카 정치 데이터베이스 참조 (http://pdba.georgetown.edu).

에콰도르 헌법(2008년 개정) 제6장 거주지(Habitat)와 주택

30조. 사람은 사회적 경제적 지위와 상관없이 안전하고 건강한 거주지와 적절하고 품위 있는 주택을 가질 권리를 가진다.

31조. 사람은 지속가능성, 사회정의, 다양한 도시문화에 대한 존중, 도시와 농촌 간 조화의 원칙에 기초하여, 도시와 도시의 공공 공간을 완전하게 향유할 권리를 가진다. 도시에 대한 권리의 행사는 도시와 토지의 사회적·환경적 기능 존중과 시민권의 완전한 실행과 함께 도시의 민주적 관리에 근거한다.

---

74 Chueca, Eva Garcia. "Human Rights in the City and the Right to the City: Two Different Paradigms Confronting Urbanisation", Barbara Oomen et al (eds.), *Global Urban Justice: The Rise of Human Rights Cities*(Cambridge University Press 2016), 117~118쪽.

75 몬트리올이나 바르셀로나 등에서 도시 권리 운동이 활발한 것은 이
    곳 시민들의 개방성과 의식 수준이 높고, 진보적 시민 사회 단체의
    활동이 활발하기 때문이다. 또 확증은 없지만 이들 도시들이 소속
    국가와는 다른 독자적인 문화적·역사적 정체성을 지니고 있다는 점
    도 국민 국가의 시민권보다 국지성과 보편성을 동시에 갖는 도시권
    이 강조되는 하나의 요인일 것이다.

76 몬트리올 헌장의 전문은 http://www.gjhr.go.kr/sub/sub.php?
    subKey=0510020000에서 볼 수 있다.

77 http://www.gjhr.go.kr/sub/sub.php?subKey=0510090000에서 〈도
    시에서의 인권 보호를 위한 유럽 헌장〉 전문을 볼 수 있다.

78 UNESCO·UN-HABITAT, *Urban Policies and the Right to the City-
    Rights, Responsibilities and Citizenship*, 25~26쪽.

79 usufruct는 다른 사람의 재산을 해치지 않는 범위 내에서 다른 사람
    의 재산으로부터 이익이나 혜택을 얻을 수 있는 권리를 의미한다.
    용익권用益權으로 번역된다.

80 UNESCO·UN-HABITAT, *Urban Policies and the Right to the City-
    Rights, Responsibilities and Citizenship*, 26쪽.

81 E. Fernandes, "Constructing the 'Right to the City' in Brazil", *Social
    and Legal Studies*, vol. 16, no. 2(2007), 216쪽.

82 이 초안 내용은 2004년 7월 에콰도르 키토에서 열린 제1회 아메리
    카 사회포럼에서 처음 초안이 만들어지고, 2004년 10월 바르셀로
    나 세계 도시포럼, 2005년 1월 포르투 알레그레 세계 사회포럼에서
    수정된 내용을, 2005년 9월 바르셀로나 회의에 상정하기 위해 재수
    정한 내용이다. 이 초안이 최종적으로 채택되지 못한 이유는 헌장의
    구조와 내용에서 몇 가지 문제점이 지적되었기 때문이다. 대표적으
    로 농촌 거주자를 포함하지 못하고 있다는 지적과, 남미와 유럽 국

가들이 모임을 주도한 관계로 아시아, 아프리카, 중동 지역 국가들의 입장이 반영되지 못했다는 지적이 있었다. 한편 강현수, 황진태 엮음, 《도시와 권리: 현대 도시 권리 담론》(라움, 2012)의 부록에는 2005년 바르셀로나 회의를 위하여 재수정된 세계 헌장 초안 전체를 번역하여 소개하고 있다. 이 책에는 도시의 인권을 위한 지구헌장-의제(2010) 및 몬트리올 권리와 책임 헌장(2005) 전문도 번역 수록하였다. 광주광역시가 운영하는 민주인권포털(www.gjhr.go.kr)에도 전 세계 주요 도시 인권헌장들이 번역 수록되어 있다.

83 강현수, 《인권도시 만들기》(그물코, 2014), 60~61쪽 참조. 이 헌장-의제 전문은 다음 UCLG 인터넷 사이트에서 볼 수 있다.(http://www.uclg-cisdp.org/en/right-to-the-city/world-charter-agenda) 강현수, 황진태 엮음, 《도시와 권리: 현대 도시 권리 담론》(라움, 2012)에 전문 번역이 수록되어 있다.

84 이 두 입장의 차이에 대해서 잘 설명한 글로는 Chueca, Eva Garcia. "Human Rights in the City and the Right to the City: Two Different Paradigms Confronting Urbanisation" Barbara Oomen et al (eds.), *Global Urban Justice: The Rise of Human Rights Cities*(Cambridge University Press, 2016) 참조.

85 광주광역시가 수행하는 인권 정책과 사업에 대해서는 광주광역시 민주인권 포털(www.gjhr.go.kr)에서 찾아볼 수 있다.

86 이러한 프로젝트의 중간 결과는 UNESCO·UN-HABITAT, *Urban Policies and the Right to the City-Rights, Responsibilities and Citizenship* 및 UNESCO·UN-HABITAT·ISS, *International Public Debates: Urban Polices and the Right to the City*(Paris: UNESCO, MOST, 2006)에 정리되어 있다.

87 UNESCO·UN-HABITAT, *Urban Policies and the Right to the City-*

Rights, Responsibilities and Citizenship, 27~35쪽.

88 UNESCO·UN-HABITAT, *Urban Policies and the Right to the City-Rights, Responsibilities and Citizenship*, 36쪽.

89 이 포럼에는 한국 정부와 다수의 한국 민간 대표단도 참가했다. 그러나 안타깝게도 우리나라 정부 대표단은 이 포럼의 취지와는 무관하게, 기후 변화와 저탄소 녹색 성장을 명분으로 한 4대강 사업 홍보에 치중했다고 한다.

90 이하는 전임 보고타 시장인 엔리케 페나로사가 유엔 해비타트에서 발간하는 간행물 《도시 세계*Urban World*》(2009년 11월~2010년 1월)에 게재한 〈도시 분단 극복하기〉란 주제의 표지글로, 제목은 "왜 도시가 평등을 이루어야 하는가?Why Cities Must Build Equality?"이다.

91 월스트리트를 점령하라Occupy Wall Street 운동은 OWS로 약칭된다. 월스트리트를 처음 점령한 9월 17일은 미국 헌법 제정일, 즉 제헌절이었다.

92 "점령하라" 운동이 전 세계로 빠르게 확산된 것과 비례하여, 이 운동의 촉발 배경과 전개 과정, 그 의미에 대해 분석한 많은 글들이 쏟아져 나왔다. 이 운동에 대한 소개 글로 《점령하라》라는 제목으로 우리나라에 번역된, 시위자(Writers for 99%), 《점령하라: 99% 대 1% 월스트리트 점령 인사이드 스토리》, 임명주 옮김, (북돋음, 2012)과 슬라보예 지젝 외, 《점령하라: 세계를 뒤흔드는 용기의 외침》(알에이치코리아 2012) 참조.

93 점령하라 운동의 도시 공간 점거 사실에 초점을 맞춘 국내 논문으로 장세룡, 〈도시공간점거와 직접행동 민주주의: 2011년 9월 뉴욕 월가 '점령하라' 운동에 관한 성찰〉, (《역사와 경계》 제99집, 2016) 참조.

94 Don Mitchell, *The Right to the City: Social Justice and the Fight for*

Public Space(Guilford Press, 2003), 129쪽.

95 데이비드 하비,《반란의 도시: 도시에 대한 권리에서 점령운동까지》, 한상연 옮김(에이도스, 2014), 21쪽.

96 데이비드 하비,《반란의 도시: 도시에 대한 권리에서 점령운동까지》, 한상연 옮김(에이도스, 2014), 270~271쪽.

97 마누엘 카스텔,《분노와 희망의 네트워크: 인터넷 시대의 사회운동》, 김양욱 옮김(한울아카데미, 2015), 31~32쪽.

98 월스트리트를 점령하라 운동의 첫 제안은 캐나다 벤쿠버에서 발간되는 잡지 애드버스터스Adbusters가 운영하는 인터넷 공간에 실린 글이었다. 그렇지만 그 이전에도 유사한 제안들이 여럿 인터넷 상에서 오고 갔다고 한다.

99 마뉴엘 카스텔,《분노와 희망의 네트워크: 인터넷 시대의 사회운동》, 김양욱 옮김(한울아카데미, 2015), 32쪽, 201~216쪽. 원제는 *Networks of Outrage and Hope: Social Movements in the Internet Age*(2012)이다.

100 마뉴엘 카스텔,《분노와 희망의 네트워크: 인터넷 시대의 사회운동》, 김양욱 옮김(한울아카데미, 2015), 148쪽.

101 해비타트 III 새로운 도시 의제를 합의 도출하는 과정에서 도시에 대한 권리 개념이 준비 단계부터 시작하여 회원국들 사이에 어떠한 토론과 논쟁 과정을 거쳐 최종적으로 어느 수준으로 반영되었는지에 대해 잘 소개한 글로 박세훈, 〈해비타트 III 「새로운 도시의제(New Urban Agenda)」의 성립배경과 의의〉(공간과 사회 통권 58호, 2016), 17~24쪽 참조.

102 이 보고서들의 원문은 물론 보고서를 만드는 과정에서 생산된 자료들과 초안, 초안에 대한 각 회원국 및 관련 기관 단체들의 의견 제출 내용 등 해비타트 III를 준비하면서 만들어진 모든 문건이 해비타트

III 홈페이지 www.habitat3.org에서 다운로드 가능하다.

103 UN Conference on Housing and Sustainable Urban Development, *Habitat III Policy Papers:Policy Paper 1 The Right to the City and Cities for All*(2017), 2쪽. http//www.habitat3.org 참조.

104 UN Conference on Housing and Sustainable Urban Development, *Habitat III Policy Papers:Policy Paper 1 The Right to the City and Cities for All*(2017), http//www.habitat3.org 참조.

105 이 단체의 영어 명칭은 Global Platform for the Right to the City로, 도시에 대한 권리가 공공정책에서 인정되고 채택되도록 하는 활동을 하기 위해 만들어진 단체이다.

106 이 그림은 〈도시를 위한 권리를 위한 국제 플랫폼Global Platform for the Right to the City〉에서 해비타트 III에 도시에 대한 권리 개념을 채택시키기 위해 만든 문건인 〈What's the right to the city?: Inputs for the New Urban Agenda〉 2쪽에 실린 것이다. 이 문건은 www.right-2city.org에서 다운로드할 수 있다.

107 확산적 권리diffuse right란 한 개인이 절대로 배타적으로 주장할 수 없는 권리로서 공동체에 속한 공공의 권리, 집합적 권리라는 의미를 가진다. 개인이 가진 권리들의 집합과는 다른 개념이다. 지구 환경을 누릴 권리가 확산적 권리의 한 예이다. 도시에 대한 권리가 확산적 권리란 것은 시간적으로 현재 세대뿐만 아니라 미래 세대까지 다 함께 누려야 할 권리라는 의미와, 공간적으로 대도시, 중소도시, 소도읍을 포함한 모든 도시, 그리고 같은 행정구역에 속하는 도시 주변의 농촌이나 근교 지역에 거주하는 사람들까지 다 함께 누려야 할 권리라는 의미를 가진다.

108 박세훈, 〈해비타트 III 「새로운 도시 의제New Urban Agenda」의 성립 배경과 의의〉(공간과 사회 통권 58호, 2016), 22~29쪽 참조.

109 해비타트 III에서 채택된 새로운 도시 의제가 담고 있는 내용에 대해서는 UN Habitat III 홈페이지(www.habitat3.org) 및 UN Habitat III Secretariat 2017 New Urban Agenda 참조. 해비타트 III 새로운 도시 의제의 주요 내용과 함께 175개 조항 전체를 번역하여 국내에 소개한 글로는 박세훈 외, 〈해비타트 III와 한국도시정책에의 시사점〉(국토연구원, 2016) 참조.

110 UN Habitat III, *Zero Draft of the New Urban Agenda*(2016) 참조.

111 〈도시에 대한 권리 세계 헌장〉 초안 3조 1항은 이 헌장에서 표명된 권리가 도시의 영구 거주자나 임시 거주자 할 것 없이 도시의 모든 거주자에게 차별 없이 보장되어야 한다고 명시하고 있다.

112 P. Marcuse, "From critical urban theory to the right to the city", *City*, vol. 13, no. 2(2009), 185~197쪽.

113 라즈 파텔, 《경제학의 배신-아직도 시장이 만능이라고 생각하십니까?》, 제현주 옮김(북돋움, 2016), 206쪽.

114 UNESCO·UN-HABITAT·ISS, *Discussion Paper: Urban Policies and the Right to the City*(2005), 4쪽.

115 바삭이 주장한 인권의 시대적 구분에 대해서는 다음을 참조했다. 박병도, 〈연대의 권리, 제3세대 인권〉, 인권법교재발간위원회 엮음, 《인권법》(아카넷, 2006), 162~167쪽.

116 M. Ishay, *The History of Human Rights: From Ancient Times to the Globalization Era*(Berkeley: Univ. of California Press, 2004). 이샤이, 《세계인권사상사》, 조효제 옮김(길, 2005), 37~47쪽 참조.

117 이샤이, 《세계인권사상사》, 369~370쪽.

118 박래군, 〈도전받는 세계 인권 선언〉, 《월간 말》 통권 270호(2008년 12월), 143쪽 참조.

119 우리나라는 현재 시민적·정치적 권리에 관한 국제 조약, 경제적·사

회적·문화적 권리에 관한 국제 조약, 인종 차별 철폐 조약, 여성 차별 철폐 조약, 고문 방지 조약, 아동 권리 조약, 장애인 권리 조약 등에 가입해 있다. 이처럼 주요 유엔 인권 조약 대부분에 가입했지만, 이주 노동자 권리 조약과 강제 실종 조약에는 아직 가입하지 않고 있다. 또 가입한 조약 중 일부 선택 사항에 대해서는 아직 결정을 유보하고 있다. 대표적으로 시민적·정치적 권리에 관한 국제 조약 제2선택의정서(ICCPR-OP2: 사형제 폐지), 고문 방지 협약 선택의정서(OP-CAT), 장애인 권리 조약 선택의정서(CPD-OP)를 아직 채택하고 있지 않으며, ILO 핵심 협약인 결사의 자유 및 단결권 보호에 관한 조약(87호) 등에 아직 가입하지 않고 있다(국가인권위원회 내부 자료 〈주요 국제인권조약 가입 현황〉 및 법무부 내부 자료 〈주요 국제인권협약 가입 현황〉 참조). 이처럼 일부 국제 인권 조약에 아직 가입하지 않은 것도 문제지만, 우리나라는 이미 가입한 조약의 내용도 제대로 지키지 않고 있다는 국내외 평가를 받고 있다.

120 사회권 조약의 구체적인 내용은 United Nations, *Economic, Social and Cultural Rights—Handbook for National Human Rights Institutions*(2005), 국가인권위원회 옮김, 《경제적, 사회적 및 문화적 권리—국가인권기구를 위한 안내서》(2007); 국가인권위원회, 《국제인권장전》(유엔인권해설집, 2004); 류은숙, 〈경제 사회 문화적 권리에 관한 국제조약에 대한 이해〉, 민주주의법학연구회, 《민주법학》 제9호(1995), 105~126쪽; 류은숙, 《인권을 외치다》; 한상희, 〈경제적 사회적 문화적 권리〉, 인권법교재발간위원회 엮음, 《인권법》(아카넷, 2006) 참조.

121 영어명은 "Declaration on Cities and Other Human Settlements in the New Millennium"이다.

122 유엔의 발전권 선언은 발전을 "포괄적인 경제적·사회적·문화적·정

치적 과정으로서, 발전과 그로부터 산출되는 이익의 공정한 분배에 대한 자유롭고 적극적이며 의미 있는 참여를 바탕으로 전 인구와 모든 개인들의 복지의 부단한 향상을 목표로 하는 것"이라고 정의하고 있다. 발전권의 내용에 대해 간단히 정리한 것으로는 류은숙, 《인권을 외치다》, 224~232쪽 참조. 한편 최근의 발전권 관련 논의에 대해 잘 소개한 국내 번역서로는 보르 안드레아센·스티븐 마크스 엮음, 《인권을 생각하는 개발지침서》, 양영미·김신 옮김(후마니타스, 2010)이 있다.

123 영어의 citizenship은 시민 자격, 시민 의식, 시민성 등으로도 번역 가능하지만, 국내 대다수 문헌들이 이를 시민권으로 번역하고 있기 때문에 이 글에서도 시민권이라고 번역했다. citizenship은 문자 그대로 시민의 자격, 즉 멤버십의 의미를 가지고 있으며, 시민의 권리뿐만 아니라 시민의 의무도 포함하고 있는 개념이다.

124 마셜(1893~1981)의 시민권 논의는 케인스주의적 경제 정책을 통해 영국의 복지 국가가 완성되던 시기에 이루어졌다. 마셜은 시민권 이론의 대표적인 학자이지만, 그의 시민권 이론에 대해서는 여러 가지 비판도 있다. 그중 하나는 그가 시민권의 단계를 지나치게 진화론적으로 서술하고 있다는 비판이다. 시민권은 시간의 흐름에 따라 저절로 발전한 것이 아니라, 사회 계급과 사회 세력 간 투쟁의 결과라는 것이다. 또 다른 비판은 마셜이 자신이 언급한 권리들 간의 상충에 대해 뚜렷한 대안을 제시하지 못했다는 것이다. 마셜의 시민권 논의의 주요 내용 및 그에 대한 비판과 관련해서는 T. H. Marshall, *Class, Citizenship, and Social Development*(Doubleday & Company, 1964); Marshall·Bottomore, *Citizenship and Social Class*(Pluto Press, 1992); 김원섭, 〈복지국가란 무엇인가, 시민권 이론의 관점에서〉, 《사회보장연구》 제23권 4호(2007) 참조.

125 한나 아렌트는 주저 《전체주의의 기원 *The Origins of Totalitarianism*》에서 이 문제를 언급했다. 한나 아렌트, 《전체주의의 기원 1》, 이진우·박미애 옮김(한길사, 2006), 제9장.

126 이 점에 대해서는 홍태영, 〈인권의 정치와 민주주의의 경계들〉, 《정치사상연구》 제15집 1호(한국정치사상학회, 2009), 80~100쪽 참조.

127 Y. N. Soysal, *Limits of Citizenship: Migrants and Postnational Membership in Europe*(University Of Chicago Press, 1995). 키이스 포크, 《시민정치론 강의: 시티즌십》, 이병천·이종두·이세형 옮김(아르케, 2009), 149~180쪽에 소이살의 논의가 잘 소개돼 있다. 소이살은 기본적으로 이주자들의 권리 증진에 대해 낙관적 견해를 가지고 있다. 유럽 이주노동자들의 경험을 근거로 하여 소이살은 인권 담론의 세계적 확산 및 강화 현상이 각 국가들로 하여금 자국의 국민에게 주어진 권리와 이주자에게 주어진 권리의 격차를 줄이게 하는 압력으로 작용하고 있다고 보았다. 정치는 국경을 경계로 폐쇄적이지만 권리는 국경을 넘어 확대되고 있다는 것이다.

128 여성주의자인 니라 유발 데이비스는 기존의 시민권 논의가 젠더의 문제를 무시했다고 비판하면서, 국가뿐만 아니라 국가 하위 단위인 지역이나 초국가 단위에서도 멤버십을 가질 수 있는 다층적multi-tiered 시민권을 주장한다. Nira Yuval-Davis, "Women, Citizenship and Difference", *Feminist Review*, No. 57(1997). 마틴 앨브로는 세계화 시대를 맞이하여 국민국가의 범위를 넘어선 세계적 이슈를 다루기 위한 이른바 '수행적 시민권 performative citizenship'이 필요함을 주장한다. Martin Albrow, *The Global Age: State and Society Beyond Modernity*(Stanford University Press, 1996). 이 외에도 도시 연구자들인 사센S. Sassen, 어리 J. Urry 등은 세계화에 따른 국민국가 단위

의 시민권의 한계를 언급하면서 이러한 현상이 도시에 미치는 영향들에 주목했다. S. Sassen, *Territory, Authority, Rights: From Medieval to Global Assemblages*(Princeton Univ. Press, 2006); J. Urry, *Sociology Beyond Societies: Mobilities for the twenty-first century*(Routledge, 2000), 161~187쪽 참조.

129 이 글의 번역본은 마르크스, 《마르크스의 초기 저작: 비판과 언론》, 전태국 옮김(열음사, 1996)에 수록되어 있다.

〈유대인 문제에 대하여〉에 담긴 인권에 대한 마르크스의 냉소적·부정적 시각을 알기 쉽게 소개한 글로는 류은숙, 《인권을 외치다》 132~137쪽을 참조하라. 또한 인권 혹은 권리 문제에 대한 마르크스의 생각을 좀 더 알고 싶으면 린 헌트, 《인권의 발명》, 전진성 옮김(돌베개, 2009), 225~230쪽을 참조.

130 김원섭, 〈복지국가란 무엇인가, 시민권 이론의 관점에서〉, 《사회보장연구》, 제23권 4호(2007), 158~159쪽 참조.

131 차성수, 〈탈근대정치를 위한 시론 I: 발리바르와 르포르를 중심으로〉, 《사회과학논집》 제13권(동아대학교, 1996), 344쪽.

132 르포르는 1968년의 68운동을 거치면서 마르크스를 비판적으로 재해석하고 현실 사회주의 및 자유주의 국가에서 나타나는 전체주의적 경향에 주목한 이른바 프랑스 제2좌파에 속한다. 르포르의 인권정치를 다룬 이 부분은 다음 두 글을 주로 인용·참조했다. 차성수, 〈탈근대정치를 위한 시론 I: 발리바르와 르포르를 중심으로〉; 홍태영, 〈클로드 르포르: 정치적인 것의 발견과 현대 민주주의의 모색〉, 홍태영 외, 《현대 정치철학의 모험》(난장, 2010), 15~51쪽.

133 홍태영, 〈클로드 르포르: 정치적인 것의 발견과 현대 민주주의의 모색〉, 45~47쪽에서 재인용. 또한 르포르는 마르크스가 공산주의 사회가 도래하면 국가/시민 사회의 분리가 사라지고 권리라는 개념도

필요 없을 뿐 아니라 인간의 소외 또한 해결된다는 전제에서 출발하고 있다고 비판한다. 르포르가 보기에 시민 사회와 국가의 제도적 분리가 사라지면 민주주의도, 따라서 권리도 존재할 수 없기 때문이다.

134 C. Lefort, *The Political Forms of Modern Society—Bureaucracy Democracy Totalitarianism*(Polity Press, 1986), 269~272쪽. 차성수, 〈탈근대정치를 위한 시론 I: 발리바르와 르포르를 중심으로〉, 350쪽에서 재인용.

135 예를 들어, 고쇠Gauchet는 권리와 권력의 강한 연관성을 주장하면서 르포르의 '인권의 정치'를 비판한다. 즉, 권리는 권력을 통해서만 존재할 수 있으며, 역사적으로 그러했다는 것이다. 홍태영, 〈클로드 르포르: 정치적인 것의 발견과 현대 민주주의의 모색〉, 47쪽 재인용. 아렌트의 입장도 르포르와는 반대된다고 볼 수 있다. 아렌트는 국민의 권리가 상실되면 인권 역시 상실된다고 보았다. 인권이 시민권을 보장해주는 것이 아니라 시민권이 인권을 보장해주며, 국가나 제도가 보장하지 않는 자연적 권리란 존재할 수 없다고 봤기 때문이다. 한나 아렌트,《전체주의의 기원 1》, 537~542쪽 참조.

136 인권과 시민의 권리에 대한 발리바르의 생각에 대해서는, 우리나라에서 오랫동안 발리바르 연구에 몰두해온 윤소영의 발리바르 번역 및 주해 논문들을 포함한 다음과 같은 국내 학자들의 저술과 번역을 참조했다. 에티엔 발리바르,《알튀세르와 마르크스주의의 전화》, 윤소영 옮김(이론, 1993); 윤소영,《마르크스주의의 전화와 '인권의 정치': 알튀세르를 위하여》, 과천연구실 세미나 1(문화과학사, 1995); 에티엔 발리바르, 〈'인권'과 '시민권': 평등과 자유의 현대적 변증법〉, 에티엔 발리바르 외,《'인권의 정치'와 성적 차이》, 윤소영 옮김(공감, 2003); 차성수, 〈탈근대정치를 위한 시론 I: 발리바르와 르포

르를 중심으로〉; 서관모, 〈시민성 개념의 새로운 구축을 위하여—에티엔 발리바르의 '인권의 정치'의 문제설정〉, 《경제와 사회》 제31권 (1996), 134~158쪽; 장진범, 〈에티엔 발리바르: 도래할 시민(권)을 위한 철학적 투쟁〉, 홍태영 외, 《현대 정치철학의 모험》(난장, 2010); 에티엔 발리바르, 《우리, 유럽의 시민들?》, 진태원 옮김(후마니타스, 2010).

137 홍태영, 〈문화적 공간의 정치학: 재현에서 표현으로〉, 《한국정치학회보》 제42집 1호(한국정치학회, 2008), 35쪽. 발리바르가 인권에 관심을 갖게 된 배경에 대해서는 서관모, 〈시민성 개념의 새로운 구축을 위하여—에티엔 발리바르의 '인권의 정치'의 문제설정〉 참조.

138 장진범, 〈에티엔 발리바르: 도래할 시민(권)을 위한 철학적 투쟁〉, 홍태영 외, 《현대 정치철학의 모험》(난장, 2010), 177~178쪽.

139 이에 대해서는 에티엔 발리바르, 《우리, 유럽의 시민들?》에 잘 서술되어 있다.

140 발리바르는 인간=시민 등식에 덧붙여 평등과 자유의 역사적 조건이 정확히 동일하다는 평등=자유 등식을 강조한다. 이에 대해서는 차성수, 〈탈근대정치를 위한 시론 I: 발리바와 르포르를 중심으로〉 및 장진범, 〈에티엔 발리바르: 도래할 시민(권)을 위한 철학적 투쟁〉 참조.

141 장진범, 〈에티엔 발리바르: 도래할 시민(권)을 위한 철학적 투쟁〉, 홍태영 외, 《현대 정치철학의 모험》(난장, 2010), 202쪽.

142 여기서 완전한 시민권이라고 번역한 droit de cité를 장진범은 정치체에 대한 권리라고 번역하고 있다.
"프랑스어 '시테'의 기본적인 뜻은 고대 그리스의 도시 국가인데 이런 의미에서 정치체로 옮길 수 있다는 것이다. 반면 최근 시테는 프랑스 대도시 주변 지역(방리유)의 이민자 이주자 집단 거주지를 가리킨다. 이런 의미에서는 이주자들, 보다 일반적으로는 '배제된 이들의 권리'로 이해할 수 있다. 마지막으로 '-에 끼어들/속할 자격이 있다avoir droit de cite'라는 의미의 관용어를 염두에 둬야 한다. 스스로 이 개념을 아렌트의 '권리를 가질 권리'의 견지에서 해석할 수 있다고 말하고, 양자 모두에서 중요한 쟁점이 정치 공동체에 대한 (동화가 아닌) '소속' 또는 '접근'이라는 점에서 발리바르는 이런 관용적 의미를 활용하는 것으로 보인다." 이상 장진범, 〈에티엔 발리바르: 도래할 시민(권)을 위한 철학적 투쟁〉, 홍태영 외, 《현대 정치철학의 모험》(난장, 2010), 202 에서 재인용.

143 장진범, 〈에티엔 발리바르: 도래할 시민(권)을 위한 철학적 투쟁〉, 홍태영 외, 《현대 정치철학의 모험》(난장, 2010), 201~202쪽.

144 아렌트는 '권리를 가질 권리'란 어떤 사람이 자신의 행위와 의견에 의해 평가받을 수 있는 하나의 구조 속에서 살고 있다는 것을 의미하며, 이것은 곧 어떤 종류의 조직된 공동체에 속할 수 있는 권리와 같은 맥락이라고 말한다. 아렌트, 《전체주의의 기원 1》, 533쪽 참조.

145 E. Balibar, "Outlines of a topography of cruelty: citizenship and civility in the era of global violence", *Constellations*, vol. 8, no. 1(2001), 18쪽.

146 Laclau, E. and Mouffe, C. *Hegemony and socialist strategy: towards a radical democratic politics*(Verso, 1985) 어네스토 라클라우 샹탈 무페, 《사회변혁과 헤게모니》, 김성기 외 옮김(도서출판 터, 1990), 223~226쪽.

147 이샤이, 《세계인권사상사》, 233~235쪽.

148 D. Harvey, *Spaces of Hope*(University of California Press, 2000), 86쪽.

149 세계인권선언 제22조는 경제·사회·문화적 권리를, 제23조는 노동

권을, 제24조는 휴식과 여가권을, 제25조는 식량·의복·주택·의료 등 건강과 안녕에 적합한 삶의 수준을 누릴 권리, 어머니와 어린이가 보살핌을 받을 권리를 규정하고 있다.

150 D. Harvey, *Spaces of Hope*, 86~91쪽.

151 D. Harvey, *Spaces of Hope*, 86쪽.

152 투안은 이처럼 공간과 장소를 구분했다. 그에 따르면 장소가 안전 security, 안정stability과 관련된다면 공간은 개방성, 자유, 위협과 관련 되며, 공간이 움직임과 연관된다면 장소는 멈춤과 연관된다. 이-푸 투안,《공간과 장소》, 구동회·심승희 옮김(대윤, 1995), 19~20쪽.

153 이처럼 일상생활의 시간과 공간의 경험 폭이 급격히 확대되는 동시 에 생활양식의 동질화가 진행되는 것을 가리켜 하비는 시공간적 압 착time-space compression이라고 표현한다. D. Harvey, *The Condition of Postmodernity*(Basil Blackwell, 1989) 참조.

154 막스 베버는《도시*The City*》라는 책에서 이념적으로 완전한 도시 공 동체는 다음 다섯 가지를 구비해야 한다고 보았다. ① 성벽과 같이 외부 지역과 구별되는 방위 시설, ② 자유로운 상행위가 이루어지는 시장, ③ 왕이나 영주의 관할권에서 벗어나 그 도시의 독자적인 법 체계 및 그 법에 따라 재판할 도시 재판소, ④ 정치적 결사체, ⑤ 상 당한 자율성을 가진 도시 행정 조직이 그것이다. 이어서 그는 서양 도시와 동양 도시를 비교하면서, 동양 도시는 성벽이나 시장은 있지 만 서양 도시가 가지고 있는 정치적 결사체나 자율성은 없기 때문에 진정한 도시로 보기 어렵다고 말했다.

155 H. A. Innis, "Democracy and the free city", D. Drache (ed.), *Staples, Markets, and Cultural Change: Selected Essays*(McGill-Queen's Univ. Press, 1945); E. F. Isin, "Introduction: democracy, citizenship and the city", E. F. Isin (ed.), *Democracy, Citizenship and the Global*

City(Routledge, 2000)에서 재인용.

156 Iris Young, "The Ideal of Community and the Politics of Difference", *Social Theory and Practice*, vol. 12, no. 1(1986), 1~26쪽. 영은 억압의 원천이 마르크스주의에서 강조하는 경제적 착취 이외에도 주변화, 무력감, 문화적 제국주의, 폭력 등 사회 문화적 측면들에 있다는 것을 강조했다.

157 Richard Sennett, *The Fall of Public Man*(Knopf, 1974). 리처드 세넷,《현대의 침몰: 현대 자본주의의 해부》, 김영일 옮김(일월서각, 1982).

158 마누엘 카스텔,《정체성 권력—정보시대 경제, 사회, 문화 2》, 정병순 옮김(한울, 2008), 428쪽.

159 조르조 아감벤,《목적 없는 수단: 정치에 관한 11개의 노트들》, 김상운·양창렬 옮김(난장, 2009), 35~37쪽.

160 마누엘 카스텔,《정체성 권력—정보시대 경제, 사회, 문화 2》, 558쪽. 이 책에서 카스텔은 세계화 시대가 도래했지만 아주 소수의 사람들, 주로 교육 수준이 높고 부유한 사람들만 세계 시민이라는 의식을 갖고 있고 나머지 대부분의 사람들, 특히 세계화의 이익에서 배제된 사람들은 여전히 지역이나 종교나 민족 같은 영토에 기초한 정체성을 완고히 유지하고 있다고 본다. 그중에서도 가장 확산된 영토 정체성은 지역이다. 같은 책, 429쪽.

161 S. Sassen, *Territory, Authority, Rights: From Medieval to Global Assemblages* 참조.

162 James Holston, "Urban Citizenship and Globalization", Allen J. Scott (ed.), *Global City-Regions: Trends, Theory, Policy*(Oxford: Oxford University Press, 2001), 325~348쪽.

163 James Holston, "Urban Citizenship and Globalization", Allen J. Scott

(ed.), *Global City-Regions: Trends, Theory, Policy*(Oxford: Oxford University Press, 2001).

164 R. Beauregard·A. Bounds, "Urban Citizenship", E. F. Isin (ed.), *Democracy, Citizenship and the Global City*(Routledge, 2000), 247쪽.

165 R. Beauregard·A. Bounds, "Urban Citizenship", E. F. Isin (ed.), *Democracy, Citizenship and the Global City*(Routledge, 2000), 249~253쪽.

166 E. F. Isin, "Citizenship, Class and the Global City", *Citizenship Studies*, vol. 3, no. 2(1999); "Introduction: democracy, citizenship and the city", E. F. Isin (ed.), *Democracy, Citizenship and the Global City*(Routledge, 2000).

167 N. Brenner, "Globalization as reterritorialization: the rescaling of urban governance in the European Union", *Urban Studies*, vol. 36, no. 3(1999), 431~451쪽.

168 M. Purcell, "Citizenship and the right to the global city: reimagining the capitalist world order", 571~576쪽.

169 M. Purcell, "Excavating Lefebvre: the right to the city and its urban politics of the inhabitant", *Geojournal*, vol. 58(2002), 106쪽.

170 C. Mouffe, "Democratic Citizenship and the Political Community" in C. Mouffe, ed., *Dimensions of Radical Democracy*(Verso, 1992) 및 샹탈 무페, 곽준혁 "민주주의와 한국 사회, 샹탈 무페 교수와의 대담"《아세아 연구》제52권 3호 (고려대학교 아세아문제연구소, 2009), 172~174쪽 참조.

171 린 헌트,《인권의 발명》, 25쪽.

172 M. Purcell, *Recapturing Democracy: Neoliberalization and the struggle for alternative urban futures*(New York: Routledge 2008), 102쪽;

　　 M. Purcell, *Citizenship and the right to the global city: reimagining the capitalist world order*, 583쪽.

173 M. Purcell, "Urban Democracy and the Local Trap", *Urban Studies*, vol. 43. no. 11(2006), 1921~1941쪽. '지역의 함정*local trap*'이란 작은 지역 단위가 이보다 큰 공간 단위보다 무조건 더 좋다고 여기는 것의 문제점을 지적하는 퍼셀의 용어이다.

174 P. Marcuse, "From critical urban theory to the right to the city".

175 H. Lefebvre, *Right to the City*, 194쪽.

176 S. Parnell·E. Pieterse, "The Right to the City: Institutional Imperatives of a Developmental State", *International Journal of Urban and Regional Research*(2010), 149쪽.

177 차이 개념을 강조하면서 전통적 시민권의 이분법을 비판한 대표적인 여성주의자로서 아이리스 영Iris Young이 있다. I. Young, "Polity and Group Difference: A Critique of the Ideal of Universal Citizenship." *Ethics*, Vol. 99. No. 2(1989), 250~274쪽 참조.

178 T. Fenster, "The Right to the Gendered City: Different Formations of Belonging in Everyday Life", *Journal of Gender Studies* 14(3)(2010), 217~231쪽.

179 여성주의자들은 여성의 역할은 사적 영역인 가정을 지키는 것이므로 여성에게는 남성의 영역인 공적 영역에 대한 권리가 필요 없다고 보는 시각을 날카롭게 비판한다. 나아가 사회를 정치·경제 영역과 같은 공적 영역과 가정, 친족, 친구 집단이 속한 사적 영역으로 양분되었다고 보는 것 자체가 사회적 다수자, 혹은 주류 중심적 관점이라고 본다. 실제로 일상 사회가 공과 사로 눈에 띄게 구분되어 있는 것도 아니며, 설사 그러한 구분이 유용하더라도 모든 집단에 유효한 것은 아니기 때문이다.

180 이현재, 〈성노동자의 도시권 요구와 공간생산을 위한 투쟁의 필요성〉, 《여/성이론》 제18호(여성문화이론연구소, 2008), 27~33쪽.

181 아감벤의 이론과 저서들이 최근 국내에도 많이 소개되고 있다. 국내에 번역·소개된 것으로는 《호모 사케르: 주권 권력과 벌거벗은 생명》, 박진우 옮김(새물결, 2008); 《예외상태》, 김항 옮김(새물결, 2009); 《목적 없는 수단: 정치에 관한 11개의 노트들》, 김상운·양창렬 옮김(난장, 2009) 등이 있다.

182 이 부분은 이지원, 〈현대 일본의 자치개혁운동—혁신 자치체와 시빌 미니멈을 중심으로〉(서울대 사회학 박사학위 논문, 1999)를 주로 참조했다. 이 밖에 정영태, 〈일본 혁신 자치체의 등장과 성과〉, 《도시와 빈곤》 21권(한국도시연구소, 1996); 민범식, 〈도쿄 도시계획의 두 가지 흐름〉, 《국토》 204호(국토연구원, 1998년 10월); 오재일, 〈일본의 혁신 자치체에 관한 고찰〉, 《한국행정학보》 제33권 2호(한국행정학회, 1999); 호보 타케히코, 〈작지만 강한 자치 단체—일본의 경험〉, 제3회 진안군 마을축제 한인교류회(2010년 8월 2일) 발표 자료(2010)를 참조했다.

183 일본의 혁신 자치체란 일본의 지방 자치체인 도도부현都道府県 지사나 시정촌市町村 장이 자민당 계열이 아니라 사회당이나 공산당과 같은 혁신 정당 혹은 시민운동 단체의 지지나 추천에 의해 당선된 경우를 일반적으로 일컫는 말이다. 가장 핵심적인 특징은 비非자민당이라는 점이다. 정영태, 〈일본 혁신 자치체의 등장과 성과〉, 21~22쪽 참조.

184 시빌 미니멈은 영국의 '요람에서 무덤까지' 복지 정책의 틀을 잡은 〈베버리지 보고서〉에 나오는 '내셔널 미니멈National Minimum'이란 말을 원용한 일본식 조어이다. 이 용어에는 도시 주민들의 도시 생활 영위를 위해서 도시가 갖추어야 할 기본적인 최소한도의 물적

시설, 정책 기준이 있다는 뜻이 담겨 있다. 이지원, 〈현대 일본의 자치개혁운동—혁신 자치체와 시빌 미니멈을 중심으로〉, 93~102쪽 참조.

185 이지원, 〈현대 일본의 자치개혁운동—혁신 자치체와 시빌 미니멈을 중심으로〉, 97~98쪽.

186 이지원, 〈현대 일본의 자치개혁운동—혁신 자치체와 시빌 미니멈을 중심으로〉, 123~124쪽.

187 이지원, 〈현대 일본의 자치개혁운동—혁신 자치체와 시빌 미니멈을 중심으로〉, 100쪽.

188 이지원, 〈현대 일본의 자치개혁운동—혁신 자치체와 시빌 미니멈을 중심으로〉, 138쪽.

189 민범식 〈도쿄 도시계획의 두 가지 흐름〉, 92~93쪽.

190 이지원, 〈현대 일본의 자치개혁운동—혁신 자치체와 시빌 미니멈을 중심으로〉, 163~164쪽.

191 이지원, 〈현대 일본의 자치개혁운동—혁신 자치체와 시빌 미니멈을 중심으로〉, 176쪽.

192 이지원, 〈현대 일본의 자치개혁운동—혁신 자치체와 시빌 미니멈을 중심으로〉, 186쪽.

193 정영태, 〈일본 혁신 자치체의 등장과 성과〉, 37쪽 참조. 이후 대도시 중심의 한계, 지방 재정의 한계라는 혁신 자치체의 시빌 미니멈 구상의 실패를 교훈 삼아 미야모토 겐이치를 중심으로 한 일본의 일군의 학자들은 낙후 지역 발전을 위한 새로운 방법론, 즉 지역 내부의 산업 연관을 중심으로 발전을 도모하는 이른바 내발적 발전론을 전개하게 된다. 이지원, 〈현대 일본의 자치개혁운동—혁신 자치체와 시빌 미니멈을 중심으로〉, 185쪽. 일본의 내발적 발전론에 대해서는 박경, 〈지역개발전략으로서 내발적 발전론—일본의 연구 동향과

과제〉,《공간과 사회》 제11호(한국공간환경학회, 1999) 참조. 최근 미야모토 겐이치는 지속 가능한 사회의 핵심 구성 요소로 환경과 생태, 사회적·경제적 불공정 제거뿐만 아니라 국내외 민주주의의 확립 및 기본 인권의 달성을 강조하고 있다. 宮本憲一,《環境經濟學》(岩波書店, 1989); 미야모토 겐이치,《환경경제학》, 주민자치연구모임 옮김(주민자치사, 1994); 미야모토 겐이치, 〈지속 가능한 사회와 내발적 발전〉(지역재단 창립5주년 기념 심포지엄 발표 원고, 2009) 참조.

194 이케가미의 주장의 요지는 다음 인용문에 잘 정리돼 있다. "기본적 인권은 개인 한 사람 한 사람에게 보장되어 있는 것입니다. 인생의 목적이나 생활 형태는 사람에 따라 자유롭게 결정할 수 있는 것이기 때문에 기본적 인권의 실현 방법도 각양각색입니다. 그래서 각 개인의 일상생활에 맞춰 인권이 보장되지 않으면 국가나 정부의 기본 목적은 달성될 수 없습니다. 그렇지만 중앙 정부가 전 국민 한 사람 한 사람의 일상생활 실태를 보는 것은 불가능합니다. 그래서 개인의 생활 터전에 각각의 사람들의 생활 양태를 이해하고 각 개인이 추구하는 방법으로 인권을 실현하기 위한 정치 조직이 필요하게 되었습니다. 그것이 바로 지방 자치 단체이며 지방 정부 조직인 것입니다. 즉, 헌법에 정해진 모든 기본적 인권은 실제로는 지방 자치 단체와 지방 정부에 의해 구체적인 정책이 이루어진다는 뜻입니다. 이것이 민주주의 국가에 지자체와 지방 정부가 필요한 첫 번째 이유입니다." 이케가미 히로미치, 〈지방 자치 단체의 규모를 어떻게 생각할 것인가—일본의 경험으로부터〉, 제3회 진안군 마을축제 한인교류회 발표(2010년 8월 1일) 자료. 이런 시각의 연장선상에서 이케가미는 최근 일본의 기초 지방 자치 단체의 합병에 반대한다. 최근 우리나라에서도 효율성을 명분으로 기초 자치 단체의 합병을 강제하는 흐

름이 진행되고 있기 때문에 이케가미의 인권 중시 논의는 우리에게 중요한 시사점을 준다.

195 일본의 지방자치헌장(안)의 내용에 대해서는 한국도시연구소, 《도시와 빈곤》 제50호(2001년 5~6월), 109~115쪽에 수록된 하승수의 번역 내용을 참조.

196 국내에서 도시에 대한 권리 개념을 처음으로 소개한 곳은 여성학계였다. 이봉화·조영미, 〈여성의 도시권을 통해 본 도시 여성 정책 전망—서울시 「여성이 행복한 도시 프로젝트」를 중심으로〉, 《한국여성학회 제3차 추계 학술대회 '흔들리는 가부장제: 새로운 젠더 질서를 향하여' 자료집》(2007), 208~221쪽; 이현재, 〈매춘의 도시지리학과 공간 생산을 위한 투쟁〉, 《사회 이론》(한국사회이론학회, 2008년 봄·여름), 111~131쪽; 이현재, 〈성노동자의 도시권 요구와 공간 생산을 위한 투쟁의 필요성〉, 16~34쪽.

한편 김용창은 2009년 초 비극적인 용산 참사가 일어난 원인을 분석하면서, 하비의 개념을 빌려 현대 도시에서 진행되는 강탈에 의한 자본 축적 체제에 대항하고 도시화 과정의 민주적 통제를 위한 수단으로 도시권 개념의 중요성을 언급했다. 김용창, "물리적 도시 재개발에서 도시권으로", 《창작과 비평》(2009년 여름호). 본격적으로 도시에 대한 권리 개념이 소개된 것은 강현수의 〈'도시에 대한 권리' 개념 및 관련 실천 운동의 흐름〉, 《공간과 사회》 제32호 수록 논문을 통해서이다. 이어 하비의 논문 〈도시에 대한 권리〉가 《뉴 레프트 리뷰 2》(길, 2010)에 번역 소개되었다.

197 한 예로 제헌 헌법에서 경제 질서를 언급하고 있는 제84조의 내용은 다음과 같다. "대한민국의 경제 질서는 모든 국민에게 생활의 기본적 수요를 충족할 수 있게 하는 사회 정의의 실현과 균형 있는 국민 경제의 발전을 기본으로 삼는다. 각인의 경제상 자유는 이 한계

내에서 보장된다." 이는 우리나라 현행 헌법의 관련 조항인 제119조의 다음과 같은 내용보다 경제적 사회 정의 측면에서 훨씬 급진적이라고 볼 수 있다. ① 대한민국의 경제 질서는 개인과 기업의 경제상의 자유와 창의를 존중함을 기본으로 한다. ② 국가는 균형 있는 국민 경제의 성장 및 안정과 적정한 소득의 분배를 유지하고, 시장의 지배와 경제력의 남용을 방지하며, 경제 주체 간의 조화를 통한 경제의 민주화를 위해 경제에 관한 규제와 조정을 할 수 있다.

198 우리나라 현행 헌법은 제10조에 국민의 기본적 인권 및 행복 추구권을, 제11조에 평등의 원칙을, 제34조에 사회보장·사회복지의 증진에 노력할 국가의 의무 규정을, 제35조에 환경권과 주거권 규정을 담고 있다.

199 주거권의 개념 및 유엔의 주거권 증진 노력을 우리나라에 소개한 대표적인 연구로는 서종균·김수현, 〈주택정책과 주거권, 주거권운동〉, 《도시와 빈곤》 20호(한국도시연구소, 1996)가 있다.

200 한국도시연구소, 《집-주거기본법 제정을 위한 연구》(한국도시연구소, 1999), 10쪽.

201 박문수, 〈한국의 주거권운동 또 전환기인가?〉, 《도시와 빈곤》(한국도시연구소, 2001), 64쪽; 국가인권위원회·한국도시연구소, 《개발사업지역 세입자 등 주거빈곤층 주거권 보장 개선방안을 위한 실태조사》(국가인권위원회, 2005), 50쪽 참조.

202 이 내용은 유엔 사회권위원회가 말한 적절한 주거의 구성 요소들이다. 국가인권위원회·한국도시연구소, 《개발사업지역 세입자 등 주거빈곤층 주거권 보장 개선방안을 위한 실태조사》, 61~62쪽 참조.

203 국가인권위원회·한국도시연구소, 《경제·사회·문화적 권리 국가인권정책 기본계획 수립을 위한 주거권 기초 현황조사》(2004); 《개발사업지역 세입자 등 주거빈곤층 주거권 보장 개선방안을 위한 실태

조사》참조.

204 향후 우리나라 주거권 운동의 과제에 대해서는 우리나라 주거권 운동 선도 단체인 주거권운동네트워크의《집은 인권이다—이상한 나라의 집 이야기》(이후, 2010) 참조.

205 김성희 외《내가 살던 용산》(보리, 2010)은 용산 참사의 희생자인 상가 세입자들이 요구했던 주장을 생생히 담고 있는 만화책이다.

206 M. Sheller·J. Urry, "Mobile Transformations of 'Public' and 'Private' life", *Theory, Culture, and Society* 20(3)(2003), 107~125쪽.

207 J. Urry, *Mobility*(Polity Press, 2007), 128쪽.

208 정식 명칭은 '서울특별시 보행권 확보와 보행 환경 개선에 관한 기본 조례'이다.

209 예컨대, 지하철뿐만 아니라 버스까지 이동권을 확장하기 위해 장애인들의 버스 타기 투쟁이 진행되자, 장애인의 버스 승차 과정에서 버스 운행이 지체되는 것 때문에 일반 시민들은 우호적인 반응을 보이지 않았다고 한다.

210 유엔인권선언 제13조에 따르면 모든 사람은 자기 나라 영토 안에서 어디든 가고 어디서든 살 권리가 있으며, 자기 나라를 포함한 그 어떤 나라로부터도 떠날 권리가 있고, 또 자기 나라로 다시 돌아올 권리도 있다.

211 이들의 활동 사항은 이주 노조 홈페이지 http://migrant.nodong.net 참조.

212 박세훈 외,《다문화사회에 대응하는 도시정책 연구(1): 외국인 밀집 지역의 현황과 정책과제》(국토연구원, 2009) 참조.

213 게토ghetto란 원래 유럽에서 주류 사회에서 소외되고 고립된 유대인들의 집단 거주 구역을 뜻하는 말이었다. 이것이 미국에서 흑인 같은 소수 인종들이 집단적으로 모여 사는 낙후되고 가난한 동네를 뜻

하는 용어로 확장되었다.

214 설동훈, 〈국제 노동력 이동과 외국인 노동자의 시민권에 대한 연구—한국 독일 일본의 사례를 중심으로〉,《민주주의와 인권》 제7권 제2호(전남대학교 5.18연구소, 2007), 369~419쪽에서는 우리나라 외국인 노동자들의 지위를 다른 나라의 경우와 비교하고 있다.

215 조소영, 〈인권 조례 제정을 위한 제언—부산광역시의 소수자 사회적 약자 관련 조례를 중심으로〉,《법학연구》 제50권 제1호 통권 61호(부산대학교, 2009), 15쪽 참조.

216 '안산시 외국인 주민 인권 증진에 관한 조례'의 제5조(외국인 주민 등의 권리 및 책무) 1항에 따르면 "외국인 주민은 자신의 법적인 지위에도 불구하고 인권을 향유할 권리를 가진다". 안산시 거주 외국인 인권 조례의 구체적 내용과 의의에 대해서는 문은현, 〈안산시 거주외국인 인권조〉,《광주국제평화포럼 인권조례 제정운동의 전망과 국제네트워크 모색 자료집》(2009) 참조.

217 국제 엠네스티가 우리나라 이주 노동자들의 인권 상황 보고와 함께 우리나라 정부에 권고한 내용에 대해서는 국제 엠네스티, 〈일회용 노동자: 한국의 이주노동자 인권상황〉(2009) 참조.

218 지자체 차원의 인권 조례 필요성을 잘 정리한 글로는 김중섭, 〈지역공동체와 인권: 인권 실행의 증진 방안을 찾아서〉,《현상과 인식》 30권 4호(2006) 참조.

219 두 갈래의 운동에 대한 보다 자세한 내용은 김중섭, 〈지역사회의 인권발전과 조례제정〉,《현상과 인식》 제31권 4호(2007) 참조.

220 진주시 인권 운동의 역사 및 최근의 조례 제정 과정과 관련해서는 진주에서 오랫동안 인권 운동에 몸담아온 경상대학교 김중섭 교수의 여러 연구가 있다. 김중섭, 〈진주지역 인권운동의 발전—그 기원과 방안〉,《사회과학연구》 24집 1호(경상대학교 사회과학연구원,

2006);〈지역사회의 인권발전과 조례제정〉;〈인권조례 제정의 의미와 법적 근거: 진주시 사례를 중심으로〉,《현상과 인식》 제33권 4호 (2009).

221 광주시의 2007년 민주·인권·평화 도시 육성 조례의 문제점을 지적하고 그 대안을 제시한 조상균,〈광주광역시 인권기본조례 추진현황과 과제〉,《광주국제평화포럼 인권조례 제정운동의 전망과 국제 네트워크 모색 자료집》(2009) 참조.

222 국가인권위원회가 권고한 인권 기본 조례 제정 권고 내용에 대해서는 국가인권위원회(2012),〈인권 기본 조례 표준안〉 및〈인권 기본 조례 표준안 해설서〉 참조. 한편 최근 각 지방자치단체 인권기본조례를 포함한 인권 제도 현황에 대해서는 강현수(그물코, 2014),〈인권도시 만들기〉 및〈지자체 인권제도 현황과 개선과제 연구〉,〈국가인권위원회 연구용역보고서〉(한국인권재단, 2016) 참조.

223 각 지방 자치 단체가 제정한 조례의 구체적인 내용은 정부가 운영하는 자치 법규 정보 시스템(http://www.elis.go.kr)에서 쉽게 찾아볼 수 있다.

224 지방 행정에 대한 주민 참여 운동의 의의와 현실을 잘 정리한 책으로 하승수,《지역, 지방자치, 그리고 민주주의, 한국 풀뿌리 민주주의의 현실과 전망》(후마니타스, 2007)이 있다.

225 현행 지방 자치법 제15조의 '조례 제정과 개폐 청구' 규정에 따르면 인구 50만 이상 대도시에서는 19세 이상 주민 총수의 100분의 1 이상 70분의 1 이하, 시·군 및 자치구에서는 19세 이상 주민 총수의 50분의 1 이상 20분의 1 이하의 연서連署로 해당 지자체의 장에게 조례 제정·개정·폐지를 청구할 수 있다. 한편 '주민의 감사 청구'를 다루는 현행 지방 자치법 제16조에 따르면, 지자체와 그 장의 권한에 속하는 사무의 처리가 법령에 위반되거나 공익을 현저히 해친다

고 인정될 경우 시·도에서는 500명, 인구 50만 이상 대도시에서는 300명, 그 밖의 시·군 및 자치구에서는 200명 미만의 연서로, 시·도에서는 주무부 장관에게, 시·군 및 자치구에서는 시장·도지사에게 감사를 청구할 수 있다.

226 관련된 자세한 내용은 전종덕, 〈광역단위 최초 주민발의제 실현─풀뿌리 정치에 기적의 꽃이 피다〉,《월간 말》(2003년 6월) 참조.

227 우리나라의 예산 감시 운동은 1999년 예산 감시 운동을 핵심으로 하는 시민 단체 '함께하는 시민 행동'(약칭 '시민 행동')이 창립되고, 이 단체를 중심으로 전국 예산 감시 운동의 연대 기구인 예산 감시 네트워크가 결성되면서 시작되었다고 볼 수 있다. 예산 감시 네트워크는 예산서를 분석해 의견을 제시하는 활동뿐만 아니라 예산에 대한 시민 교육, 공통의 문제에 대한 예산 삭감 요구, 제도 개선 운동 등을 전개하고 있다. 이들의 가장 잘 알려진 활동은 대표적인 예산 낭비 사례에 '밑 빠진 독 상'을 수여하는 것이다. 이와 관련해 '함께하는 시민 행동' 홈페이지 http://www.action.or.kr 참조.

228 브라질 포르투 알레그레 시의 주민 참여 예산 제도에 대해서는 김웅, 〈참여예산제와 예산참여운동〉,《시민과 세계》 창간호(2002); 나중식, 〈브라질 알레그레시의 주민참여예산제도〉,《한국행정논집》 16권 3호(2004) 참조.

229 최상한, 〈지방정부 주민참여예산제도의 확산과 영향요인〉,《한국행정학보》 제44권 제3호(2010), 88쪽.

230 서울시 보도자료, "서울 전역에 '무료 공공 와이파이'… 통신기본권 전면보장", 2019년 10월 7일 참조.

231 이와 관련된 대표적 논의로 Foth, M., M. Brynskov and T. Ojala (Eds.) *Citizen's right to the digital city: Urban interfaces, activism, and placemaking*(Springer, 2015); Shaw, J and Graham M., "An Informa-

tional Right to the City? Code, Content, Control, and the Urbanization of Information", *Antipode* Vol. 49, No. 4(2017); Brown, T. "Human Rights in the Smart City: Regulating Emerging Technologies in City Places" Reins, L (ed.), *Regulating New Technologies in Uncertain Times*(Springer, 2019) 47~66쪽 참조.

232 도시에서 여성이 처한 불평등 상황에 대해서는 대표적으로 UN-Habitat. *State of Women in Cities 2012-2013: Gender and the Prosperity of Cities* 참조.

233 전자는 www.hlrn.org에서, 후자는 www.righttothecityplatform.org. br에서 다운로드 가능하다.

234 R. Van Deusen, "Public space design as class warfare: Urban design, the 'right to the city' and the production of Clinton Square, Syracuse, NY", *GeoJournal*, vol. 58, no. 2~3(2002), 149~158쪽; Chris Webster, "Property rights, public space and urban design", *Town Planning Review*, vol. 78, no. 1(2007), 81~101쪽 등 참조. 밴 듀센 R. Van Deusen의 요지는 도시 공공 공간은 도시인의 삶에 큰 영향을 미치기 때문에 이 공간의 디자인은 도시에 대한 권리의 중요한 구성 요소라는 것이다. 그는 미국 뉴욕 주 시러큐스에 있는 클린턴 광장의 재개발 과정에서 이루어진 디자인을 분석하면서 이 디자인이 도시의 경제적 활력 증진에 치중한 나머지, 광장을 이용하는 일부 소외 계층을 배제했고 따라서 사회 정의 원칙에 반한다고 지적한다. 그에 따르면 도시 디자인은 도시의 경제적·사회적 권력 관계가 반영되고 다져지는 영역이다. 한편 웹스터Chris Webster는 도시 공공 공간의 소유권과 도시 디자인 활성화의 관계를 다루고 있다. 그에 따르면 도시 공공 공간의 소유권, 통제권이 공공이건 민간이건 간에 한쪽에 독점되어 있는 것보다 다양하게 분산되어 있는 것이 도시 디

자인 활성화에 도움이 된다.

235 외국에는 인권 혹은 도시에 대한 권리 측면에서 도시 디자인을 바라보는 많은 논의가 있지만, 우리나라에서는 보편적 디자인에 대한 논의를 빼면 별다른 것이 없다. 하지만 최근 인권이나 권리 측면에서 디자인을 재조명하는 노력들이 등장하고 있다. 대표적으로 '(사)걷고 싶은 도시 만들기 시민 연대'(약칭 '도시연대') 사람들이 주축이 된 커뮤니티디자인센터에서는 한 평 공원, 놀이터 만들기 등 현장 중심의 주민 참여 디자인 운동을 벌여나가고 있다. 이들의 활동과 성과에 대해서는 커뮤니티디자인센터, 《커뮤니티 디자인을 하다》(나무도시, 2009) 참조. 또한 공공성, 주민 참여, 인권 측면에서 디자인을 조명한 글들이 실린 도시연대 기관지 《걷고 싶은 도시》의 2010년 7·8월호를 참조할 수 있다.

236 이 행사는 미국에서 시민 참여 촉진 운동을 펴고 있는 '아메리카스픽스AmericaSpeaks'가 2002년 7월에 이른바 '도시를 듣는다Listening to the City'라는 타운 홀 미팅town hall meeting 프로젝트의 일환으로 주최한 것이다. 보다 자세한 내용은 아메리카스픽스 홈페이지(http://www.americaspeaks.org) 참조.

237 아름다운 청년 전태일 40주기 행사위원회는 2010년에 '전태일 다리 이름 짓기 범국민 캠페인'을 벌였다. 전태일의 생일인 8월 26일부터 기일인 11월 13일까지 80일 동안 매일 8명의 인사가 청계천 6가에 있는 다리(임시로 붙여진 이름은 '버들다리')를 '전태일 다리'로 명명할 것을 촉구하는 이른바 808 행사를 진행했다.

238 러시아의 도시 차리친이 스탈린그라드로 바뀌었다가 다시 볼고그라드로 변경된 것도 비슷한 예이다. 상트페테르부르크나 전태일 다리의 명칭이 역사적 정통성 혹은 정치적 의미와 관련된 것이라면, 경제 사회적 이해와 관련된 지명 변경 요구도 있다. 가난한 달동네

라는 이미지가 강했던 서울 봉천동의 주민들이 지역 이미지 개선
을 위해 '하늘을 받든다'는 뜻의 '봉천奉天'이라는 지명을 버린 것이
나, 수출 공단의 애환이 담긴 '구로공단역'이나 '가리봉역' 같은 전
철역 이름을 첨단 이미지를 주기 위해 '구로디지털단지역', '가산디
지털단지역'으로 바꾼 것이 대표적인 예이다. 전철역 이름과 관련해
주민들 간에 갈등이 있는 경우도 많다. 서울시 9호선 '흑석역'의 경
우, 주민들은 흑석역이라는 이름을 원하는 반면 인근의 중앙대학교
는 '중앙대입구역'이라는 이름을 선호해 한동안 갈등이 있다가 결국
'흑석(중앙대입구)역'으로 결정된 바 있다. 한편 서울시 각 구청은
자기 구에 속하는 전철역의 명명 권리를 서울시가 아니라 구청이 갖
게 해줄 것을 요구하고 있다.

239 J. Urry, *Mobility*, 185~210쪽.

240 J. Urry, *Mobility*, 207~210쪽.

241 우리나라 헌법 제120조 ②항에는 국토와 자원은 국가의 보호를 받
으며, 국가는 그 균형 있는 개발과 이용을 위하여 필요한 계획을 수
립한다는 내용이, 제123조 ②항에는 국가는 지역 간 균형 있는 발전
을 위해 지역 경제를 육성할 의무를 진다는 내용이 담겨 있다.

242 유엔인권선언 제22~27조에는 경제, 사회, 문화적 권리가 언급되어
있다. 제22조는 모든 사람이 사회의 구성원으로서 사회 보장을 받
을 권리를, 제25조는 모든 사람이 자신과 가족의 건강과 행복에 적
합한 정도의 생활 수준을 누릴 권리를, 제26조는 교육을 받을 권리
등을 명시하고 있다.

243 롤스는 자신의 정의론의 첫 번째 원칙으로 평등한 자유의 원칙을,
두 번째 원칙으로 차등의 원칙과 공정한 기회 균등의 원칙을 제시한
다. 롤스에 따르면, 사회적·경제적 불평등은 최소 수혜자에게 최대
의 이익이 돌아가고 불평등과 관련된 직책과 직위가 모든 사람에게

개방되는 경우에만 인정될 수 있다. 존 롤스, 《정의론》, 황경식 옮김 (이학사, 2003) 참조. 이 책의 원제는 *A Theory of Justice*(1971)이다.

244 이러한 맥락으로 본다면, 도시에 대한 권리는 '삶의 터전에 대한 권리', '삶터에 대한 권리'로 해석하는 것이 더 이해하기 쉽고 실천적일 수 있다. 이와 관련된 논의로 강현수, "삶의 공간을 지키고 보호할 권리"와 강현수 외 지음, SSK 공간주권 연구회 엮음, 《공간주권으로의 초대》(한울, 2013) 참조.

245 키스 포크, 《시민정치론 강의: 시티즌 》, 이병천 외 옮김(아르케, 2009), 183쪽.

246 제인 제이콥스, 《미국 대도시의 죽음과 삶》, 유강은 옮김(그린비, 2010), 321쪽.

247 법 철학자 예링은 이와 관련해 "투쟁은 법의 영원한 노동이다. 노동 없이 소유권이 존재할 수 없듯이 투쟁 없이 법은 없다. (중략) 투쟁하는 가운데 스스로의 권리를 찾아야 한다"라고 주장했다. 루돌프 폰 예링, 《권리를 위한 투쟁》, 윤철홍 옮김(책세상, 2007), 133쪽.

미셸린 이샤이, 《세계인권사상사》, 조효제 옮김(길, 2005)

고대부터 지금의 지구화 시대까지 인권 사상의 발전 역사를 총 정리한 역작이다. 인류 역사의 각 시대별로 인권의 관점에서 중요한 사건들과 사상들을 잘 정리하고 있어서, 인권의 발전 과정을 체계적이고 종합적으로 이해하는 데 유용하다. 인권 전문가인 조효제 교수의 번역도 훌륭해서 읽기에 불편함이 없다. 인권에 관심이 있는 사람이라면 소장할 만한 가치가 있다. 800쪽이 넘는 방대한 분량이지만, 굳이 통독하지 않고 인권 사상과 역사에 대해 알고 싶은 것이 있을 때마다 그때그때 찾아보며 인권 사전처럼 활용해도 좋다.

최현, 《인권》(책세상, 2008)

앞의 《세계인권사상사》가 세계 인권 사상의 흐름을 방대한 분량으로 종합·정리했다면, 이 책은 적은 분량과 쉬운 언어로 인권 사상의 핵심만을 압축·요약했다. 특히 세계 역사 속에서 인권과 시민권이 어떻게 서로 관계를 맺으며 동시에 발전해왔는지를 쉽고 명료하게 설명해준다.

류은숙, 《인권을 외치다》(푸른숲, 2009)

세계 인권 역사에서 중요한 계기가 된 선언문이나 문헌들을 소개하면서 저자의 해석을 곁들인 책이다. 세계사적으로 유명한 인권 관련 문서들을 쉽게 읽어볼 수 있다는 것, 국내의 대표적 인권 운동가인 저자의 인권에 대한 열정이 함께 전달된다는 것이 이 책의 장점이다. 저자는 이 책이 인권에 대해 알고 싶어 하는 사람들에게 권하고 싶은 책, 인권에 대한 독해 능력을 기르는 데 작은 도움이 되는 책이 되기를 바란다고 했는데, 그 바람은 충분히 달성된 것 같다.

강현수, 《인권도시 만들기》(그물코, 2014)

우리나라 지방정부가 주민들의 인권 증진을 위해 무엇을, 어떻게 할 수 있는지 살펴보는 책이다. 인권도시로 알려진 외국 도시의 사례와 함께, 이제 막 시작 단계에 있는 우리나라 인권도시를 선도하는 지방정부 사례들을 조사한 후, 인권도시의 구성 요소와 함께 인권도시 성공을 위한 조건을 제안하고 있다.

데이비드 하비, 《사회정의와 도시》, 최병두 옮김(종로서적출판부, 1983)

우리나라에는 인권이나 시민권, 혹은 사회 정의와 관련된 좋은 책이 많이 있지만, 도시와 관련해 이런 주제를 다룬 책은 아쉽게도 거의 없다. 영어권 비판 지리학의 선구자이자 현재 세계에서 가장 유명한 지리학자 중 한 명인 데이비드 하비는 1973년에 쓴 이 책에서 도시 문제를 사회 정의의 관점에서 바라봤다. 전반부에선 자유주의 도시 이론과 정의론에 입각해, 후반부에선 사회주의 도시 이론과 정의론에 입각해 도시 현상과 문제들을 해석한다. 영어권에서 사회주의 도시 이론을 체계적으로 정리한 최초의 저서라고 할 수 있으며, 이 책을 통해 프랑스 학자 르페브르의 도시 이론이 영어권에 처음 소개되었다. 1973년에 처음 출간된 이 책은 최병두 교수가 번역하여 종로서적출판부에서 1983년 출간되었지만, 지금은 절판되어 시중에서 구하기가 쉽지 않다.

2009년에 영어 개정판이 나왔는데, 개정판에는 하비가 2008년에 《신좌파평론New Left Review》에 쓴 논문 〈도시에 대한 권리The right to the city〉가 추가되었다.

데이비드 하비, 《희망의 공간》, 최병두 외 옮김(한울, 2001)

데이비드 하비의 2000년 저서로 세계화 과정을 지리학적 시각에서 독창적으로 분석했다. 이 책에서 하비는 세계화를 지리적 불균등 발전으로 이해하는데, 자본의 필요에 의해 추동되는 세계화가 역설적으로 자본주의 반대 운동에 새로운 기회와 가능성을 줄 수 있음을 강조한다. 특히 인권과 같은 보편적 권리 주장의 중요성을 강조하면서, 보편적 권리를 실현하는 것이 바로 우리의 대안이며 유토피아라고 주장한다. 하비가 꿈꾸는 유토피아 공간이 이 책의 부록에 묘사되어 있다.

데이비드 하비 《반란의 도시: 도시에 대한 권리에서 도시혁명으로》, 한상연 옮김(에이도스, 2014)

하비의 2012년 저서로 르페브르의 도시에 대한 권리 사상과 실천 운동을 현 시대 상황에서 하비의 시각으로 재해석한 내용을 담고 있다. 이 책의 앞부분은 르페브르 도시 사상에 대한 소개와 현 시대의 도시에서 나타나는 모순에 대한 하비 나름의 분석 내용이며, 뒷부분은 현재 세계 여러 도시에서 표출되고 있는 사회운동에 하비가 의미를 부여한 내용이다. 마지막 7장은 2011년 미국에서 벌어진 월스트리트 점령운동을 다루고 있다.

이 책에서 저자가 말하고자 하는 핵심 주장은 5장 제목인 "반자본주의 투쟁을 위해 도시를 되찾자"이다. 저자는 자본주의를 극복하기 위해서는 생산 영역에서 공장 노동자의 투쟁만을 중시하는 전통 좌파의 관점 대신, 재생산 영역과 생활공간 영역의 중요성과 함께 도시에서 표출되고 있는 다양한 실천 운동에 주목한다. 즉, 일상 생활공간에서 '자본의 작태'(예를 들어, 건물주가 부과하는 지나치게 비싼 임대료)에 반대하는 투쟁이나 집단적 시민의 권리를 획득하기 위한 투쟁도 반자본주의적 계급 투쟁과 분리해선 안되는 것으로 보아야 한다고 역설한다. 이때 도시 공간은 1%가 아닌 99% 민중들의 저항과 투쟁의 장소가, 도시에 대한 권리는 반자본주의 투쟁의 핵심 슬로건이 될 수 있다.

앙리 르페브르, 《공간의 생산》, 양영란 옮김(에코리브르, 2011)

프랑스 철학자 앙리 르페브르가 수행한 자본주의 도시 및 공간에 대한 연구의 종합 결정판이다. 모든 사회와 생산 양식은 고유한 공간을 생산하는데, 자본주의 역시 자본주의적 공간을 생산함으로써 자본주의 자체를 존속시키지만 그 과정에서 갖가지 모순이 발생하고 결국 이에 저항하는 투쟁이 나타난다는 것이 이 책의 큰 줄거리이다. 워낙 박식한 르페브르의 공간 사상 전체가 녹아 있는 만큼 이 책의 내용을 몇 줄로 간단히 요약하는 것은 불가능하다. 이 책은 풍부한 함의를 담고 있지만 동시에 매우 난해하다.

H. Lefebvre, *Le droit à la ville*(Paris: Anthropos, 1968); H. Lefebvre, *Espace et politique—Le droit à la ville II*(Paris: Anthropos, 1973)
H. Lefebvre, *Right to the City*, E. Kofman·E. Lebas (eds.·trans.), *Writings on Cities*(Oxford: Wiley-Blackwell , 1996)

르페브르가 1968년 마르크스의 《자본론》 출간 100주년을 기념해 쓴 책이 바로 *Le droit à la ville*(도시에 대한 권리)이다. 르페브르는 1973년 이 책의 후속편이라고 할 수 있는 *Espace et politique—Le droit à la ville* II(공간과 정치—도시에 대한 권리 제2부)를 썼다. 이 두 책은 도시에 대한 권리 개념의 주창자인 르페브르의 생각을 정확히 알고자 하는 사람이라면 반드시 읽어봐야 할 원전이다. 1996년에야 뒤늦게 영어로 번역되었는데, 영어본에는 르페브르의 이 두 책이 하나로 통합되어 있고 르페브르의 사상 및 그 의의에 대해 상세히 소개하는 역자들의 서문이 담겨 있다.

제인 제이콥스, 《미국 대도시의 죽음과 삶》, 유강은 옮김(그린비, 2010)

기자 출신의 제인 제이콥스가 1960년대 당시 미국 대도시에서 진행되던 대규모 도로 확장, 재개발, 재건축 과정과 함께 이른바 도시 전문가라는 사람들의 경직되고 비현실적인 사고를 날카롭고 생생하게 비판한 역작이다. 기존 도시 전문가들이 도시 발전을 위해 제거되어야 한다고 생각했던 대도시 저소득층 밀집 지역이 오히려 도시 본연의 가치인 다양성과 활력을 가진 곳으로 재조명돼야 한다는 그녀의 독창적 시각이 생생한 사례를 통해 설득력 있게 논증되고 있다. 원래 학술적 저서라기보다는 대중적 저서로 쓰였으나 도시 계획 역사상 가장 큰 영향을 끼친 저작의 하나로 평가되며, 이미 도시 분야에서는 고전의 반열에 올랐다. 원전이 출간된 지 50년이 다 되었지만 우리나라 도시 현실에 시사하는 바가 여전히 많다. 너무 늦었지만 그래도 다행히 얼마 전에 우리나라에 번역·소개되었다.

UNESCO·UN-HABITAT, *Urban Policies and the Right to the City—Rights, Responsibilities and Citizenship*(Paris: UNESCO, MOST, 2009)

도시에 대한 권리를 향후 도시 정책의 지향점으로서 적극 권장하기 위해 유엔 산하 기구인 유네스코와 유엔 해비타트가 발간한 보고서이다. 르페브르가 1960년대에 주창한 도시에 대한 권리 개념을 왜 유엔 기구들이 최근 들어 다시 강조하고 있는지, 르페브르의 다소 추상적인 개념

을 오늘날의 도시 현실에 적용하기 위해서 다듬은 구체적인 도시 정책
에는 어떤 것들이 있는지, 그리고 그 과정에서 드러나는 쟁점들은 무엇
인지를 잘 요약·설명하고 있다.

E. F. Isin (ed.), *Democracy, Citizenship and the Global City*(London & New
York: Routledge, 2000)

1998년 캐나다 요크 대학에서 열린 '도시에 대한 권리: 세계화 시대의
시민권, 민주주의, 도시Rights to the City: Citizenship, Democracy and Cities in a
Global Age'라는 심포지엄에서 발표된 논문들을 중심으로 편집한 책이다.
편집 의도는 세계화 과정이 민주주의, 시민권, 도시에 어떤 영향을 미치
는지 살펴보고 세계화 시대의 민주주의와 시민권을 공간 차원에서, 특
히 도시 차원에서 재조명해보자는 것이다. 도시는 원래 역사적으로 민
주주의와 시민권 실현의 핵심 공간 단위였는데, 점차 국가 단위의 역할
이 더 커졌다. 하지만 최근 탈근대화 및 세계화의 흐름 속에서 국가 단위
보다 도시 단위에서, 특히 세계 도시global city에서 외국인 이주자들의 집
중 같은 새로운 현상과 갈등들이 나타나고 있다. 따라서 민주주의와 시
민권의 실질적 내용을 규정하는 장소로서 도시의 역할이 새롭게 부각되
고 있다는 것이 이 책의 주장이다.

D. Mitchell, *The Right to the City: Social justice and the fight for public space*
(New York·London: The Guilford Press, 2003)

르페브르의 도시에 대한 권리 개념을 미국의 도시 현실에 적용하기 위
해 오랫동안 애써온 돈 미첼의 논문들을 모은 책이다. 미첼은 르페브르
의 도시에 대한 권리 개념이 진보적이고 민주적이며 정의로운 세계를
만드는 전망의 핵심이 되어야 한다고 강조한다. 그리고 미국 도시를 예
로 들어 공원, 거리 같은 공공 공간을 둘러싼 갈등과 여기에서 배제되는

사람들의 투쟁 사례들을 분석한다. 또 9.11 테러 이후 미국 도시에서 공공 공간에 대한 감시와 통제가 더욱 심해지면서 시위자의 권리나 노숙자의 권리가 침해되는 현상에 주목한다.

http://www.humanrights.go.kr(국가인권위원회 홈페이지)

2001년 인권 전담 국가 기관으로 공식 출범한 우리나라 국가인권위원회의 홈페이지이다. 이명박 정부 들어와 그 역할을 제대로 하지 못해서 논란이 되고 있기는 하지만 국내외의 인권 관련 각종 정보와 정책 자료들이 잘 갖추어져 있으며, 그동안 국가인권위원회가 수행한 활동들도 잘 정리되어 있다.

http://sarangbang.or.kr(인권운동사랑방 홈페이지)

1990년대 초반부터 활동을 시작해 현재 우리나라를 대표하는 인권 운동 단체 중 하나로 자리 잡고 있는 인권운동사랑방의 홈페이지이다. 그간 우리나라 인권 증진을 위해 현장에서 적극적으로 싸워온 조직답게, 우리나라 인권 운동의 역사와 주요 핵심 현안에 대한 입장들, 각종 인권 관련 자료들을 잘 정리해놓았다.

http://www.amnesty.org(국제 엠네스티 홈페이지)
http://www.amnesty.or.kr/index.htm(국제 엠네스티 한국 지부 홈페이지)

역사와 전통을 자랑하는, 세계에서 가장 규모가 큰 인권 단체인 국제 엠네스티 본부 및 한국 지부의 홈페이지이다. 전 세계 인권 상황에 대한 많은 자료와 관련 논의가 축적되어 있다. 전통적으로 시민적·정치적 권리를 지키는 데 앞장서온 엠네스티는 최근 들어 경제적·사회적·문화적 권리 쪽으로도 활동 영역을 넓혀가고 있으며, 이와 관련된 논의들도 여기에 잘 정리되어 있다.

http://www.righttothecity.org

도시에 대한 권리 운동을 펼치고 있는 활동가 및 풀뿌리 단체들의 세계적 연대 네트워크이다. 도시에 대한 권리를 핵심으로 한 각 지역의 풀뿌리 활동 자료들이 잘 모아져 있다.

도시에 대한 권리 ∣ 도시의 주인은 누구인가

초판 1쇄 발행 2010년 12월 30일
개정 1판 1쇄 발행 2021년 1월 20일
개정 1판 2쇄 발행 2024년 7월 25일

지은이 강현수

펴낸이 김준성
펴낸곳 책세상
등록 1975년 5월 21일 제2017-000226호
주소 서울시 마포구 동교로23길 27, 3층 (03992)
전화 02-704-1251
팩스 02-719-1258
이메일 editor@chaeksesang.com
광고·제휴 문의 creator@chaeksesang.com
홈페이지 chaeksesang.com
페이스북 /chaeksesang   **트위터** @chaeksesang
인스타그램 @chaeksesang   **네이버포스트** bkworldpub

ISBN 979-11-5931-525-1 04080
           979-11-5931-400-1 (세트)